Routledge
Taylor & Francis Group

**FASHION MARKETING
AND COMMUNICATION**

国际时尚传播丛书

时尚管理与传播
——理论与实践相结合的时尚行业研究

［英］奥尔加·米特费纳（OLGA MITTERFELLNER）◎ 著

文洁（WENDY LIANG）◎ 译

中国纺织出版社有限公司

内 容 提 要

本书作者结合理论与实践，通过大量国际品牌案例分析，对时尚品牌的管理与传播进行了系统的梳理，内容涵盖了消费主义的历史、时尚品牌的创新研究、广告市场分析以及21世纪时尚品牌所面临的机遇和挑战。

本书立足于当代多元的媒体环境，与时俱进地对时尚品牌进行发展性研究，其尖锐又独到的批判性思维，可引发每一个阅读者深度思考。全书内容翔实，图文并茂，案例丰富，非常适合时尚营销、品牌管理与传播的本科生和研究生阅读与学习。

原文书名：Fashion Marketing and Communication：Theory and Practice Across the Fashion Industry

原作者名：Olga Mitterfellner/ 9781138323094

© 2020 Olga Mitterfellner

All Rights Reserved. Authorised translation from the English language edition published by Routledge, a member of the Taylor & Francis Group.

CHINA TEXTILE & APPAREL PRESS is authorized to publish and distribute exclusively the Chinese (Simplified Characters) language edition. This edition is authorized for sale throughout Mainland of China. No part of the publication may be reproduced or distributed by any means, or stored in a database or retrieval system, without the prior written permission of the publisher.

本书中文简体翻译版授权由中国纺织出版社有限公司独家出版并只限于中国大陆地区销售。未经出版者书面许可，不得以任何方式复制或发行本书的任何部分。

Copies of this book sold without a Taylor& Francis sticker on the cover are unauthorized and illegal.

本书封面贴有泰勒·弗朗西斯集团（Taylor & Francis Group）防伪标签，凡无此标签者均为盗版，不得销售。

著作权合同登记号：图字：01-2021-6046

图书在版编目（CIP）数据

时尚管理与传播：理论与实践相结合的时尚行业研究 /（英）奥尔加·米特费纳著；文洁译. -- 北京：中国纺织出版社有限公司，2021.12

（国际时尚传播丛书）

书名原文：Fashion Marketing and Communication : Theory and Practice Across the Fashion Industry

ISBN 978-7-5180-9041-9

Ⅰ.①时… Ⅱ.①奥… ②文… Ⅲ.①品牌营销 Ⅳ.① F713.3

中国版本图书馆 CIP 数据核字（2021）第 213266 号

责任编辑：李春奕　　特约编辑：符　芬

责任校对：王蕙莹　　责任印制：王艳丽

中国纺织出版社有限公司出版发行

地址：北京市朝阳区百子湾东里 A407 号楼　邮政编码：100124

销售电话：010—67004422　传真：010—87155801

http://www.c-textilep.com

中国纺织出版社天猫旗舰店

官方微博 http://weibo.com/2119887771

北京通天印刷有限责任公司印刷　各地新华书店经销

2021 年 12 月第 1 版第 1 次印刷

开本：710×1000　1/16　印张：13

字数：164 千字　定价：69.80 元

凡购本书，如有缺页、倒页、脱页，由本社图书营销中心调换时尚行业是一个以传播方式深刻影响消费者品位甚至社会的特殊行业。在这本有趣的新书中，伦敦的时尚专业人士和教授奥尔加·米特费纳以令人耳目一新又有趣的方式回顾了时尚产业中所使用的传播策略与营销方法。这本书提供了大量有趣的案例研究，通过历史和当前案例以及对时尚界知名人物的采访，将时尚管理与更广泛范围的营销原则相互关联起来。

方浩然（Geoffrey Fong）
加拿大滑铁卢大学心理学教授

本书表明，成为一个时尚爱好者和保持一颗热诚的心两者之间并非相互排斥。在时尚行业中，将社会责任与可持续发展在供应链中联系起来已经司空见惯，但如何真正保持时尚行业的道德操守，在整个行业都是至关重要的问题。奥尔加将历史和现代营销实践相结合，通过渐进式变革的讨论，为我们提供了一个具有全球意识的时尚教育方法，这对于学生或专业人士而言都是极为可贵的。

莫妮卡·斯克拉尔（Monica Sklar）
美国佐治亚大学时装史助理教授

奥尔加严谨地通过传统的营销结构引导我们了解时尚市场在不断变化中的传播规律，从始至终将道德考量贯穿整个学科。通过着眼企业的社会责任，她用敏锐而批判的眼光引领我们思考时尚对社会文化的影响。无论你是可持续发展、时尚管理还是市场营销专业的学生，这本书都是你的必读物。对于营销从业者来说，这本书也是一个行业道德指南，它是书架上最值得被拿下来阅读的一本书。

埃伦·帕布斯特·冯·奥汉（Ellen Pabst von Ohain）
德国慕尼黑欧洲商学院可持续发展与商业、公关与传播系教授
兼凤凰城可持续发展公司董事、总经理

奥尔加采用简洁诚恳的表达方式，结合时尚品牌行业的历史及应用，对全球时尚行业当代营销方法进行了讨论。对这些吸引人但有时又比较残酷的事实，她客观表述了观点，即时尚在商业和道德之间有时展现出矛盾关系。她身在时尚环境当中，观点独特又非常全面，文字简练易于阅读，对从业人员、时尚营销专业的学生以及立足现在、展望未来的人，这都是一本必读作品。

托尼·库珀（Tony Cooper）

英国伦敦艺术大学伦敦时装学院时尚市场营销讲师

奥尔加教授以时尚营销与传播为主题，阐述了从早期历史里的公关到现代社交媒体对消费行为的影响。同时，通过对传统营销技巧中以售卖生活愿景方式进行的广告全过程进行研究，对零售商这种推广模式的未来进行了推断与预判。这本书是学生和从业者的理想教材。

丽贝卡·恩斯沃思（Rebecca Unsworth）

英国纺织学会执行董事

这是一本令人印象深刻的书，它对时尚传播的过去和现在进行了研究，以理论与实践相结合的方式让人感到耳目一新。奥尔加·米特费纳对时尚营销路径中相关道德的对话，展现了她的专业与敬业精神，这都是时尚专业的学生和从业者值得学习的，也促使我们认真负责地探索和重新评估时尚行业的社会价值。

艾伦·阿隆（Ilan Alon）

挪威阿格德大学战略与国际营销学教授、国际事务负责人

前言

我想把这本书献给我过去、现在和未来的所有学生，他们虽然是我的学生，但我也在他们身上得到反哺，是他们闪光的未来让我保持对时尚行业的热情和信心，如果没有他们的好奇心、想象力以及他们的贡献和对我的鼓励，我是没有足够的耐心写完这么多页内容的。

教育可以让任何人超越他们的极限，所以我希望本书内容可以帮助读者提升他们的认知水平和个人能力。我必须要感谢我的家人、导师和朋友，是他们一直为我的坚持加油，也从不厌倦与一个知识分子对话。

此外，我还想把这本书献给那些因时尚业中不道德的行为而牺牲的人类和动物，我不能完全感同身受，但是我可以试着改进，并且希望能改变未来。

最后，我要把这本书献给我的继父格奥尔基·尼古拉耶维奇（Georgi Nikolayevich Vladimov），他曾被授予俄罗斯布克奖（Russian Booker Prize）和萨哈罗夫奖（Sakharov Prize）：您说的一切都是真的！

关于本书

  对时尚管理和传播有兴趣的人，都可能在这本书里找到相关内容的综合介绍，并且从中了解品牌如何在行业中有效地使用营销手段和传播策略。无论你是一个从业者还是一个学生，都会从中获得新奇又有创意的想法，也有可能在创作题材上获得看似激进却不同寻常的视角。

  但是，这又不仅仅是一本解释时尚营销、品牌和传播的书，它同时也邀请你通过探索过去、质疑现在和思考未来，从而对这个行业形成自己的专业见解。

  这本书从不同的角度看时尚管理，它除了更注重当前的实践与趋势外，更重要的是，它是一本极少数会带领读者回溯主题起源的好书。这些起源具有重要意义，因为它们是现代营销的基础，只有了解这些起源和演变，才能对现代营销行为进行评价，做出明智的道德判断。通过探索这些历史元素，一个人可以成为一个有修养的人——这个绝对是最重要的前提——然后才是成为一个专业的营销人员，能够围绕主题进行专业讲述。该理论结合了来自世界各地的简短案例，并在其中提炼出个性化的理论方法。

  本书在每一章都会邀请读者重新思考在时尚领域的道德问题。韦氏词典（Merriam Webster）2019年对伦理学的定义是"一门处理好与坏以及道德责任和义务的学科"，这是市场营销导师、学生和从业者在道德层面需要具备的责任。

每一个有抱负的市场营销专家和从业人员都需要意识到这个行业复杂性的伦理问题。许多时尚行业市场上的商品和服务，可能会带有不道德的特质，虽然一些负面影响在日常生活中并不明显，但依旧会对社会造成伤害。有了这本书，你可以看到许多事物的利弊，并形成自己非常具有执行力的营销见解。你可能因此改变你的行为，并在你的职业生涯中落实这些更好的实践方法。希望这本书能鼓励每个读者成为最具道德且有责任感的营销人员，并为世界创造价值。

此外，每一章节都在设计中探索独立的内容，读者可以任意挑选自己感兴趣的部分单独阅读。

最后，本书采访了来自英国、德国、美国和俄罗斯的学科专业人士和真正工作在当前行业领域的专家，他们提供了有关行业各个方面的独特见解及全球前景展望。

引言

"当你不再相信时尚的时候，如何去教授时尚呢？"这是我在2015年被授予时尚管理教授职称之后质问自己的问题。

在过去的几十年中，现代时尚需要结合创造力、专业的商业策略和品牌宣传来存活，时尚，是一个绚丽而浮华、充满神话又狂妄的世界。我曾经是一个疯狂热爱时尚品牌的人！我想我必须拥有新的it-bag或是那些刚从T台走下来的高跟鞋，这是只有世界各国最酷的时尚达人才能明白的事情。参加精彩的时装秀，经营自己的小品牌，举办自己的时装秀，与"相同的人"混在一起，追随最重要的潮流，这些都是我年轻时的习惯。

然而在某一时刻，在这个行业工作多年后，我了解到这是一个具有欺骗性的行业，一个数十亿英镑的巨大行业，向我们出售一个奢侈、虚幻、难以企及的美丽和渴望梦想的世界。不是所有的黄金都发光，如果你这么理解，那么这对创造者和消费者都不公平，更不用说环境了。

让我们从设计师开始聊一聊，最有才华的创意人才在30多岁的时候还能很容易地和别人合租一套公寓，做自由职业者，从一份工作换到另一份工作，希望有一天能大赚一笔，或者至少在此期间为自己支付下一笔账单。（他们可能策划了上一季标志性的T恤印花，但他们不会因此而获得好评。）有时候，能帮你找到工作的是你的人际关系，而不是你靠诚实获得的学位。有时尽管它们之间有关系，但也不会帮助你成功。不少大牌设计师都曾在事业蒸蒸日上的时候宣布破产，其中包括伊夫·圣罗兰（Yves Saint Laurent）、克里斯蒂安·拉克鲁瓦（Christian Lacroix）和华伦天奴（Valentino）。

那么图像、广告和公关呢？从我多年在这个行业积累的经验中，我学到了即使是最著名的时装模特也可能会被遗忘几个季（甚至因为尺寸问题而失业）。事实证明，杂志和Photoshop是一对好朋友，为了让消费者相信美貌的标准高不可攀，从而打击他们的身心健康。市场营销是一种不可思议的操控行为，除非有人或某个机构对其进行监管。

当我们涌向大街去买杂志的时候，我们很少想到那些缝纫衣服的人，从真实的生产成本来看，极端的涨价是不合理的。

像《丑女贝蒂》（Ugly Betty）这样的电视剧，或者关于一位穿普拉达的标志性主编的著名电影，都阐述了很多事实。我记得一个不从事时尚行业的朋友问我："时尚圈的人真的是这样的吗？"我笑着回答："当然不是，因为实际上比你看到的更糟糕。"这是我的观察和经验，这在某种程度上让我觉得我不相信时尚了。

当我受邀在一所大学教授时尚时，我必须弄清楚为什么要教授时尚以及如何去教授时尚。毕竟，这些报名参加课程的年轻学生正在考虑从事这一行业，他们在前进的道路上需要动力。

为了把我的注意力拉回到时尚的精彩世界，我慢慢地开始回味细节，我确定我仍然喜欢时尚。我再次阅读了自己收藏的已经好多年没有碰过的电影、书籍和时尚杂志等资料库，它们包括设计、营销、广告以及流行趋势方面的书，还有我的衣橱、纺织品和之前的创作，以及为客户撰写的大量内容，这些都曾是我最为珍贵的藏品。

这里面也包括我在伦敦中央圣马丁艺术与设计学院（Central Saint Martins）攻读硕士学位时的档案，比如，我们小组充满激情地创造出来的优秀作品。也是在圣马丁那些年，我开始质疑时尚行业的道德规范、市场营销的操控性以及广告和公关的有害形象。这种批判性思维在后来的职业生涯中并没有消失，而是变得越来越强大，它帮助我认清为什么要教授时尚（Why）、应该教些什么（What）以及如何教授（How）等问题。

Why——为什么教授时尚？我想要把我曾经学到的东西传达出去，那是一种道德的、批判的和充满好奇的学习方法，我们尽可以用它研究历史并将其带入未来。

What——应该教些什么？这个行业可以从很多维度加以探究，时尚圈的人是如何工作的、理论是如何应用的以及现实是什么样子的？我想告诉你们其中所有的好与坏。

How——如何教授？在嘉宾专家的帮助下，我们的课堂提问和创造性的答案将为您呈现一系列令人振奋的事实、有趣的问题、引人入胜的历史和新兴的趋势。

我已经教授时尚管理专业很多年，也正在把对这个专业中的Why、What、How写进一本书，我想与世界各地有着非凡智慧的头脑分享，也欢迎你们带着批判性思维阅读。时尚及其产业让所有从业者和消费者沉浸其中，它对我们有着很大的影响，所以我们有责任认真地对待它。

最后，感谢您的阅读，如有因为我用词不当造成的阅读不畅，还请见谅，毕竟英语不是我的母语，而是我掌握的五种语言中的第三种。

目录

1　从历史维度看时尚营销：早期的广告和消费主义　　1

章节主题　　1

- 如何定义时尚营销　　1
- 19世纪和20世纪广告的历史　　3
- 工业革命如何引领营销实践　　4
- 现代消费主义和品牌的起源　　7
- 品牌案例：依地语电台广告（Yiddish Radio advertising）　　8
- 品牌案例：戴比尔斯（DeBeers）　　10
- 道德思考　　15
- 延伸阅读　　16

2　时尚推广和公共关系　　17

章节主题　　17

- 早期的公共关系　　17
- 品牌案例：伊丽莎白女王一世　　18
- 品牌案例：自由火炬　　22
- 品牌沟通　　23
- 理解广告和公关之间的核心区别　　24
- 公共关系的作用及其对广告的补充　　26
- 新闻资料包和新闻发布　　28
- 品牌案例：小众群体的草地网球协会　　30
- 采访：特蕾莎·哈夫瓦斯（Teresa Havvas）　　33
- 道德考量　　39
- 延伸阅读　　39

3　营销组合和沟通工具　　　　　　　　　　　　　　　41
章节主题　　　　　　　　　　　　　　　　　　　　41
- 营销组合的起源　　　　　　　　　　　　　　41
- 营销沟通工具　　　　　　　　　　　　　　　47
- 其他三个元素：3P元素　　　　　　　　　　　49
- 新的营销组合：4D元素取代4P元素　　　　　51
- 采访：莎朗·休斯（Sharon Hughes）和唐娜·夏普（Donna Sharp）　53
- 道德考量　　　　　　　　　　　　　　　　　58
- 延伸阅读　　　　　　　　　　　　　　　　　60

4　创建营销信息：品牌和营销传播　　　　　　　　　61
章节主题　　　　　　　　　　　　　　　　　　　　61
- 广告代理　　　　　　　　　　　　　　　　　61
- 新旧沟通渠道　　　　　　　　　　　　　　　64
- 品牌案例：迷你汽车——MINI　　　　　　　66
- 消费者的信任　　　　　　　　　　　　　　　69
- 采访：托尔斯滕·沃伊特（Thorsten Voigt）　70
- 广告代理和时尚品牌的创意方向　　　　　　　73
- 当今时尚媒体面临的挑战　　　　　　　　　　75
- 采访：德国知名媒体代理公司　　　　　　　　77
- 道德考量　　　　　　　　　　　　　　　　　79
- 延伸阅读　　　　　　　　　　　　　　　　　80

5　社交媒体、博客和思想领袖：谁在引导你的意见？　81
章节主题　　　　　　　　　　　　　　　　　　　　81
- 意见领袖（KOL）的通常含义　　　　　　　81
- 理解博客对时尚品牌的影响　　　　　　　　　83
- 采访：博主纳瓦兹·巴特里瓦拉［Navaz Batliwalla，
又名迪士尼滚筒女孩（Disneyrollergirl）］　　86
- 名人代言能为一个时尚品牌做些什么　　　　　92
- 如何在名人和消费者之间建立品牌　　　　　　93

- 品牌案例：托德斯——曾经历生不如死（Tod's or the living dead）   94
- 道德考量   96
- 延伸阅读   96

6   目标市场与细分   99
章节主题   99
- 你需要一个目标市场吗   99
- 品牌案例：维多利亚的秘密（Victoria's Secret）和
  大内密探（Agent Provocateur）   100
- 如何进行市场细分   102
- 对品牌信息进行编码和解码   111
- 道德考量   114
- 延伸阅读   115

7   目标市场营销和国际消费者：编码与解码品牌信息   117
章节主题   117
- 针对国际市场的一种不同做法   117
- 品牌案例：看看假冒的国际品牌   122
- 在不熟悉的领域工作   123
- 品牌案例：印度吉百利牛奶（Cadbury Dairy Milk）   125
- 国际市场潜力   126
- 国内民族广告   129
- 道德考量   130
- 延伸阅读   130

8   销售点的品牌沟通：感官品牌   133
章节主题   133
- 感官品牌   133
- 建立沟通   135
- 品牌案例：雨果博斯在东京的旗舰店   136
- 集成销售的电子技术   136

- 声音品牌　139
- 采访：约翰·阿尔特曼（John Altman）　140
- 道德考量　143
- 延伸阅读　144

9　对广告的批判性审视：销售希望、梦想和物化的品牌　145
章节主题　145
- 为什么批评广告　146
- 广告与个人的关系：希望、梦想和恐惧　146
- 扭曲的自我认知和广告的心理暗示　150
- 性别与身体物化的广告　151
- 儿童性化　153
- 品牌案例：令人震惊的广告和贝纳通案（Benetton case）　154
- 身体和心灵不适　155
- 采访：吉恩·基尔伯恩（Jean Kilbourne）　156
- 监管机构　161
- 感官超负荷：广告无处不在　162
- 品牌案例：没有广告的地方——圣保罗、格勒诺布尔和朝鲜　163
- 采访：叶夫根尼娅·萨贝尔尼科娃（Evgeniya Sabelnikova）　167
- 延伸阅读　170

10　时尚营销的未来：趋势与机遇　173
章节主题　173
- 时尚旋转木马　173
- 什么是趋势预测　176
- 需要注意的趋势　178
- 采访：罗杰·特瑞德烈（Roger Tredre）谈趋势　181
- 一个理想的未来　185
- 延伸阅读　186

参考书目及扩展阅读　188

从历史维度
看时尚营销：
早期的广告和消费主义

1

章节主题

- 如何定义时尚营销   1
- 19世纪和20世纪广告的历史   3
- 工业革命如何引领营销实践   4
- 现代消费主义和品牌的起源   7
- 品牌案例：依地语电台广告（Yiddish Radio advertising）   8
- 品牌案例：戴比尔斯（DeBeers）   10
- 道德思考   15
- 延伸阅读   16

如何定义时尚营销

  营销市场，尤其是时尚营销，是这个庞大的行业的一部分——时尚系统——它悠久的历史可以追溯到几百年前，市场实践也只有几十年的时间。时尚系统是一个不断变化的循环系统，回收了许多人们过去的想法，所以你可以视它为一个"时尚旋转木马"。它包括纺织、设计、生产、零售、市场营销、媒体、文化和历史等元素，也包括流行趋势和未来预测。（这里的旋转木马将在本书的最后一章再次出现。）

尤其是时装营销采取了多种形式和多种表达方式，因此，为了了解营销在时装系统中所处的位置，我认为有必要查看一些定义以便准确描述。

一种定义指出：

> 时尚系统提供了"用于构想、创建、生产、分发、交流、零售和消费时尚的结构组织和流程。它体现了时尚的完整供应链，不仅包括各个组成部分（行动是什么），还包括为实现每个活动而采取的方法（如何进行）"。
>
> （Vecchi and Buckley，2016年）

这是一个现代的定义，它描述了时装的设计和生产，材料的采购，分销和零售（线下和线上）以及时装的消费及其所有方法，例如，营销、广告和公关。时尚营销专门负责以合理的价格、正确的定义并通过成功的促销将产品提供给消费者。这些消费者——现有的和潜在的消费者——本质上被称为"市场"。

时尚系统与"营销组合"相关，在第3章中将对此进行更详细的探讨。最初是麦卡锡（McCarthy）将"营销组合"活动分为四个类别或元素，他将其称为营销的4P：产品、价格、位置和促销。后来，四个"营销组合"元素扩展为7P，扩充了流程、实物证据和人员（Kotler等，2009年，第17页）。

另一种定义是在时装系统中增加了文化和社会学方面的内容："时装业构成了一种较大的社会和文化现象的一部分，这种现象被称为'时装系统'，这一概念不仅涵盖了时尚商业，还包括了艺术，不仅涵盖了产品，还包括了消费者"（大不列颠百科全书，2018年）。

诸如罗兰·巴特（Roland Barthes）、布迪厄（Bourdieu），利波维齐（Lipovetsy）、西梅尔（Simmel）、韦布伦（Veblen）、鲍德里亚（Baudrillard）等作家已经撰写了有关时尚理论相当复杂的社会学方面的文章。对于时尚专业的学生来说，也许更容易接触的作家是川村由仁夜（Yuniya Kawamura），他在现代语境中撰写了有关"时尚学"现象的文章。川村认为，时尚学是对时尚的研究，并不关注服装或过程本身。她的意图是对时尚进行社会学调查（Kawamura，2005年）。

为了了解时尚营销和相关传播实践的历史背景，在本书中，我们将探讨最初营销的出现和它如何逐步发展为现代实践。重点关注营销用于与消费者沟通的方式，以及所使用的方法及其含义。

19世纪和20世纪广告的历史

通过广告和公共关系来将商品传递给消费者的营销方式，可以追溯到数百年前，甚至是几千年前的人类历史。

自从人们进入市场以来，他们就从事商品营销，并与潜在和真实的消费者沟通。

大约在公元前2000~1000年，在古罗马和希腊等地的黏土板上或人工制品上就记录了书面广告。在世界各地的许多文化中，都有一种主要的广告形式（尤其是缺乏文化素养的广告），这可能意味着大声喊叫以吸引购物者对自己产品的关注。当然，这只会覆盖到市场附近的人们，并且与我们今天所知道的具有大型广告牌、品牌商品、叮当声和数字渠道的全球营销相距甚远。

在近1000年的时间里，黑暗时代阻碍了欧洲的发展，除了神职人员和贵族阶层之外，所有人都忘记了从古希腊和罗马获得的识字能力。在这个千年中，有关营销的任何重大发展实际上都被冻结了。

然后是欧洲的重生：文艺复兴时期。早期的近代欧洲始于古腾堡（Gutenberg）的15世纪发明的印刷机，为大量印刷的文本让路，这些文本可以分发给更多的读者。有证据表明，15世纪的欧洲有所谓的"城市牛皮癣（Flyposting）"之称，这有点类似于带有文字的海报或广告牌。但是，在欧洲，实际能识字的人仍然很匮乏，因此直到19世纪，识字率才被纳入教育体系，并被传播到足以使大多数人能够阅读印刷文本和后续广告的地方（Kloss，2012年）。这意味着尽管创造了机械印刷品，但书面形式的广告是在很晚以后才开始的，因为信息的传播者和接收者必须具有相似的读写水平（表1.1，通信理论将在第6章中进一步讨论）。

表1.1 广告的历史

材料	可追溯源起时间	是否还在使用
杂志（印刷）	18世纪	是
报纸（印刷）	18世纪	是
广告牌与海报	从19世纪50年代开始（欧洲的飞邮始于15世纪）	是
电台	1920年	是
无声电影	19世纪末	否
有声电影	19世纪20年代	是
照明广告（霓虹灯）	19世纪末	是
电台	19世纪20年代	是
电视	19世纪20年代	是
网络与电子	从1990年代起	是

　　然而直到19世纪，人们仍然可能会争辩，广告并不是必需的，因为商品的消费仅限于必需品，这意味着人们只会少量购买所需的东西。在这方面，本地和有限范围的广告就足够了，因为消费者已经了解肉店、面包店或杂货店以及制帽商等，消费者根据附近的可用商品、产品的质量以及他们对商品生产者的喜欢和信任程度，选择他们的购买商品。

　　至于时装，人们要么自己制作衣服（在他们知道如何针织或编织后），要么从别人那里购买昂贵的布料，然后制成一件可以流传很久的服装，以便将其传递给下一代。当然，贵族和上层阶级公民的服饰消费是不同的，他们比其他大多数公民拥有更多的选择和更多的服装。

工业革命如何引领营销实践

　　在18世纪末到19世纪中期的工业革命中，英国、美国等国家创造了蒸汽机、纺织机等伟大发明，并找到了合适的动力燃料以发动机器（蒸汽、煤炭、电力等），这使许多商品采用了机械化生产。

用机器代替手工可以极大地提高产量，随着产量增加，工厂出现了妇女与男性工人同时进入工作场所的现象（图1.1）。

而此时的工人工作条件恶劣而危险，工作时间很长，没有人会照顾到他们的权利。无论是女人还是男人，一周六天都使用危险的机器和化学药品工作14小时是正常的。如果你了解当时许多发展中国家的现代化时装生产设施的劳动条件，这听起来可能会很熟悉，而这种高强度劳动的现状实际上来自200年前的那场革命，它是由最早的企业家进行尝试和实践的，并且是早期民主资本主义时代的一部分。工业革命令人震惊的工作条件持续了一个多世纪，或者可以说甚至超过了一个世纪，之后，人们才得以通过加入工会，走上街头示威游行或罢工来迫使企业家改善工作场所的安全和工作条件。

1908年，亨利·福特（Henry Ford）首先将可移动的装配线（相当于今天的传送带）引入坐落在密歇根州高地公园（Highland Park）的福特汽车公司。

随着许多工厂开始使用传送带，货物产量巨大且急剧增加，大量

图1.1 纺织厂（图片来源：Pixabay）

的商品被运输到距离较远的商店，从此，产品被卖给了"未知"顾客，生产者和消费者不再相互了解（Zeit Online，1955年）。

超出基本需求的巨大产出意味着供需不平衡。

理想情况下，商品的供应与需求应保持平衡（图1.2）。在供应不足的困难时期和战争时期，人们不得不排队购买诸如粮食之类的基本商品。

而在工业革命时期，有许多商品在人们没有购买需求的情况下被生产出来，导致供需失衡（图1.3）。现在，买卖双方之间不再存在和谐，买方不必排队等待货物，相反，制造商必须努力吸引顾客的注意力并确保销售。

因此，商品制造商有两项新任务：一是鼓励人们成为超出其实际需求的更多商品的消费者，并增加需求；二是将他们的产品与竞争对手区分开来，以便他们的产品优于其他产品。

供应商

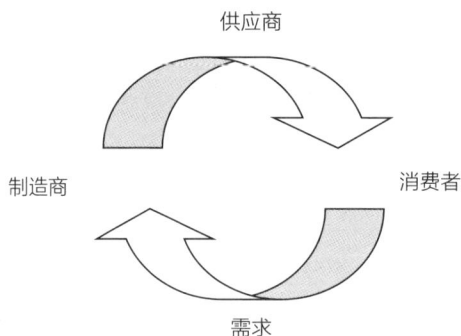

制造商　　　　　　　　　　　　消费者

需求

图1.2　工业革命前的供求平衡

工业革命增加了供应

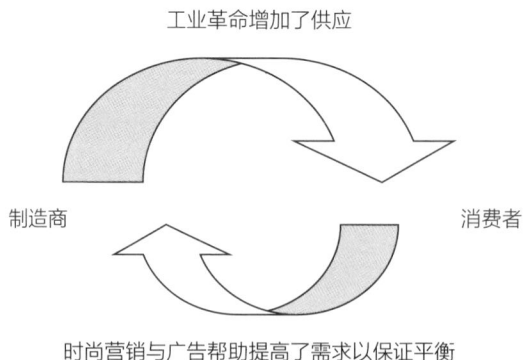

制造商　　　　　　　　　　　　消费者

时尚营销与广告帮助提高了需求以保证平衡

图1.3　工业革命后的供需平衡

现代消费主义和品牌的起源

作为工业化的结果，从19世纪中期开始，尤其是在与20世纪之交的几年中，品牌和广告的战略性专业开始成为支持消费主义的两种工具。实际上，1867～1890年，广告蓬勃发展，广告在美国增长了十倍，而在工业化和发达国家（如英国）也出现了类似的增长（Kloss，2012年，第35页）。为了与竞争对手区分开来，制造商开始为自己的商品打上品牌。根据美国营销协会的说法，"品牌是一个名称、术语、设计、符号或任何其他特征，可以用来识别一个品牌的商品或服务与其他品牌的商品或服务截然不同的标注"。

随着品牌之间的竞争日益激烈，他们很快就开始聘请专家，通过设计出最佳策略以击败竞争对手并吸引消费者，美国是广告与品牌推广方面的先驱，这就是为什么许多营销教科书会有"美国偏见"的原因。实际上，既是营销学教授又是多部市场营销教科书籍作者的菲利普·科特勒（Philip Kotler，2012年）论证了市场营销行为源于美国。

但是，广告如何准确地将品牌的信息传达给其现有和潜在客户？如果某个品牌不再依靠本地商店或市场摊位，他们将用什么方式传播呢，难道要大声地叫卖吗？在这里，现代广告的另一个至关重要的需求开始发挥作用：大众媒体。报纸和发行报纸的铁路为20世纪的现代大众传播创造了必要的基础设施。

广告使用的不同媒体渠道始于印刷媒体，如海报、广告牌、报纸和杂志。《服饰与美容》（*Vogue*）最初在1892年出版时就是报纸。《女士之家日报》（*Ladies' Home Journal*）创立于1883年（Breward，1994年）。

然而，在法国和英国，自18世纪初以来，时尚杂志就已出现，如法国杂志《女士与时尚》（*Le journal des dames et des modes*）。

大约在同一时间，出现了第一个邮购目录中的产品广告，如西尔斯（Sears）目录。

工业革命同样影响了基础设施和交通运输业，这意味着突然出现了一种新的有效方法，可以在整个国家（包括美国等大领土）内迅速传播印刷媒体。铁路运输可以使印刷媒体迅速在全国各地传播，甚至在必要时跨越国界，也可以促进广告的真正起步和发展。19世纪80年代，蒸汽加热和电灯开始取代火炉以及石油和天然气灯，而仅仅十年后，电力机车就出现了。

《北美铁路历史指南》（*Historical Guide to North American Railroads*，1985年）描述了在19世纪末突然兴起的交通和基础设施工业的进展。

有趣的是，在19世纪初期之前，美国的城市和铁路使用大量不同的时区，每个火车站都设置了自己的时钟，不同的火车时刻表让旅客们一整天的旅行可能会减少好几个小时，乘客也很容易对时区感到困惑。

> 如果是一天的旅行，相邻城市之间几分钟的时差还没有太大关系，但相对远一点的城市旅行就有了麻烦，时刻表上被减少了好几小时的时间，造成同样混乱的还有电报提供的即时通信，为了消除这种混乱……1983年，美国铁路将全美国的时间分为了四个时区，后来其他行业也纷纷采用了铁路的标准时间。
>
> （Drury，1985年，第8页）

时差虽然引发了旅行的混乱，但是工业革命之后的高效生产让媒体传播变得更加迅速。莱恩指出，到19世纪80年代，美国已经有超过11000种不同的报纸，到1900年，像《芝加哥论坛报》这样的知名报纸的发行量已经达到了大约50000份。当然，所有报纸都包含广告（Lane，2008年）。

同时，当收音机越来越多地进入家庭，电台广告从1920年开始出现，从单个广播电台的发源地送达大众，电台还通过特殊兴趣电台有效地瞄准了特定的客户群。

品牌案例：依地语电台广告（Yiddish Radio advertising）

依地语广播是广播中针对时尚广告的一个有趣示例：

> 在20世纪初，犹太移民从东欧来到美国，人数超过200万人。正如依地语广播项目所回顾，依地语是连接这些移民的语言。"最近的犹太移民开始接受这种媒介，到20世纪20年代初，依地语广播在全国蓬勃发

展。仅在纽约，就有23个电视台播放戏剧、综艺节目、街头采访、音乐、广告，甚至社论。

（依地语电台广告，2002年）

电台节目不仅充斥着音乐和娱乐节目，当然还有广告。广播时间卖给了需要电台广告的公司。

电台广告包括早期形式的时尚广告——用来广播的商店和产品都位于美国时尚之都纽约。现在听听这些广告的录音，你会感受到时尚广告在20世纪30年代纽约零售业中的重要性。从鞋店到服装店，再到著名的名人唱歌的歌曲，如康托·莫什·欧舍（Cantor Moishe Oisher），他们演唱了斯坦顿街服装店的主题曲（依地语电台广告，2002年）。男性和女性购物者都得到了满足。

在犹太广播电台上，有关老人阿德勒（Adler）电梯鞋的旋律迎合了矮个子的男士。升降鞋的内底被增厚并在脚后跟下方形成楔形物（称为鞋垫），因此，升降机鞋可以使穿着者"抬高"几厘米。这双鞋还为矮个子男士提供方便，因为他们不能像女人一样公开地穿高跟鞋来提高身高。

1947年，《生活》（Life）杂志在阿德勒电梯鞋子广播广告中发表了一个故事，亨利·摩根（Henry Morgan）就是使这种商品出名的人。摩根的小品有趣但有点愚蠢，这使阿德勒先生最初对广告产生了怀疑。然而，电台广告开始播放后不久，人们蜂拥而至他的商店，说摩根已经派出了他们，并想要购买这款鞋子。随后，阿德勒的利润增加了（《生活》，1947年4月14日，第60页）。

从20世纪初开始，海报、印刷品和电台广告通过无声电影中的动态图片以及后来20年代的"对话图片"而结合在一起。美国思想家和现代营销的先驱如表1.2所示。

1895年，《照相机》（Lumière Cinématographe）与第一部无声电影《从卢米埃工厂出口》[La Sortie des usines Lumière，卢米埃尔兄弟的作品（Lewino and Dos Santos，2015年）]一起在巴黎雷恩街的法国国家工业协会放映。同年，他们公开放映电影，向观众收取费用——电影的概念从此诞生了。大约10年后，故事片在20世纪20年代开始投放电影广告。

表1.2 美国思想家和现代营销的先驱

姓名	年代	对现代营销的贡献
艾薇·李（Ivy Lee）	1877~1934	美国历史上的首次公关活动
爱德华·伯奈斯（Edward Bernays）	1891~1995	公关的心理学原理
沃尔特·迪尔·斯科特（Walter Dill Scott）	1869~1955	广告所用的心理学原理
欧内斯特·迪克特（Ernest Dichter）	1907~1991	用于营销的心理学原理
利亚斯·圣·艾尔莫·刘易斯（Elias St.Elmo Lewis）	1872~1948	AIDA模型的发明者
尼尔·H.博登（Neil H.Borden）	1895~1980	"营销组合"的发明者
E.杰罗姆·麦卡锡（E.Jerome McCarthy）	1928~2015	4Ps的发明者
亚伯拉罕·马斯洛（Abraham Maslow）	1908~1970	人文心理学和马斯洛需求层次的创始人

广播和电影广告连续几十年占据主导地位，而电视并没有。尽管电视早在1920年就已经面世，但直到20世纪50年代，它们才在美国等国家成为家庭必需品，此时，电视广告才走进了家庭。与所有其他媒体渠道相比，该渠道一旦获得大众欢迎，增长最快，并吸引了广告商的高额投入（Kloss，2012年；Lane，2013年）。

直至20世纪90年代，互联网被作为一种新的广告技术引入之前，这些原始的广告媒体渠道多年保持不变，至今仍被广泛使用。

品牌案例：戴比尔斯（DeBeers）

20世纪40年代著名的美国广告公司说："钻石恒久远，一颗永流传。"每个人都相信它而从未问过为什么。

女士们突然将钻石珠宝视为订婚礼物。男人们认为这是他们可以向爱人求婚的唯一方法。好莱坞明星突然开始佩戴钻石，整个电影剧本都是围绕一块宝石，即使在今天我们也经常在红地毯上看到它们。感谢纽约的广告代理商艾耶父子广告公司（N.W.Ayer）及其客户戴比尔斯，由于在20世纪40年代发起了一项出色的广告和营销活动，其利润在1979年增长至21亿美元[《大西洋》（*The Atlantic*），2015年]。

此处显示的照片是已故著名的时尚摄影师欧文·佩恩拍摄的许多精美

图1.4 钻石恒久远 [1955年，广告由艾耶父子广告公司为戴比尔斯拍摄，摄影欧文·佩恩（Irving Penn）；图片由戴比尔斯提供]

照片之一，是戴比尔斯的一系列广告。在这张照片中，我们正从一棵棕榈树的后面看到公共场合中男女之间两情相悦的亲密时刻，特别通过钻石礼物强化了这一点。文字写着："当爱是崭新的，恋人分享他们的人生梦想时，每时每刻充满幸福，他们将永远在订婚钻石的欢乐火焰中回忆这段时光。"在四种尺寸的闪闪发光的钻石中，男人可以大胆地选择，并声称"钻石是永恒的"。

你可能将其称为早期的整合营销活动，因为它不仅具有经典的广告特征和文字，而且采用了明星代言，在电影中展示产品时，以第一夫人和伊丽莎白女王等作为品牌形象大使。无论你选择从哪家商店购买钻石珠宝，这些宝石都是戴比尔斯制造的（Epstein，1982年）。这有助于将一颗璀璨的石头成为明星，并使其成为爱情、订婚、婚姻和永恒的单词"永远"的代名词。

然而，几乎没有人问过为什么要永远保留钻石。如爱德华·杰伊·爱泼斯坦（Edward Jay Epstein）这样的评论家说，真正的原因不是对永恒的爱的庆祝，而是一种营销策略。

> 在19世纪末，世界上有大量钻石供应，而人造钻石的价格也被人为提高，如果每个人都试图转售其钻石，钻石价格将立即下跌。此外，戴比尔斯控制着市场供求关系，实行了垄断。"戴比尔斯必须赋予这些宝石以情感，用于阻止公众再出售。必须产生一种幻想，那就是钻石是永恒的——永恒意味着它永远不会被转售。
>
> （Epstein，2015年）

美国是后工业广告领域的先驱者之一，许多想法、实践和案例研究（至今仍适用）源于此。最早的广告代理商出现在19世纪下半叶，如沃尔特·汤普森（J. Walter Thompson，成立于1864年，至今仍然活跃）和艾耶父子广告公司。

在19世纪末和20世纪50年代，美国已经孕育了许多广告和营销行业的专业人士，他们联手成立了许多协会，现在我们称作"智库"。值得注意的是，它们中的大多数一直存留至今，并且已经有了可观的增长，吸引了更多的行业成员，其所占比例与20世纪广告业所经历的巨大增长成正比。成员来自各个领域和行业，包括时装行业。

1.纽约广告俱乐部，成立于1915年

1896年，纽约市的少数广告人开始定期开会，分享有关其广告实践的想法。1906年，这个不断壮大的团体并入广告人联盟（Advertising Men's League），最终于1915年成为纽约广告俱乐部，从而在2016年庆祝成立120周年。自20世纪60年代以来，该俱乐部一直向以下人员颁发ANDY奖："……尊重全球广告创意，并表彰不断创新、尝试和启发新颖沟通方法的个人和公司的贡献……"（广告俱乐部，2015年）。

2016年，公司成员包括天联广告公司（BBDO）、恒美广告公司（DDB Worldwide）、沃尔特·汤普森、麦肯广告公司McCann、奥美广告公司（Ogilvy & Mather）、阳狮集团广告公司（Publicis）、李岱艾广告公司（TBWA）和扬罗必凯广告公司（Young & Rubicam）等世界上大型广告代理商。例如，李岱艾广告公司为阿迪达斯和苹果等客户制作广告，而世界上最古老、规模最大的广告公司之一沃尔特·汤普森为意大利著名时装学校（Istituto Marangoni）创作了纪录片，并邀请了意大利《服饰与美容》编辑弗朗卡（Franca Sozzani）。

2.美国广告联盟（AAF），成立于1905年

美国广告联盟总部设在华盛顿特区，声称它是"广告的统一声音"，因为它为来自该行业广泛领域的专业人员提供了与广告行业其他人建立支持关系的机会。为了完成任务，他们从事基层活动，以在各级政府中促进和保护其广告活动。2016年，该组织约有40000名成员（AAF，"我们是谁"，2016年）。

它的公司成员包括发行商康泰纳仕（Condé Nast）、《智族》（GQ）、《悦己SELF》（Self）、《美国青少年时尚》（Teen Vogue）、《名利场》（Vanity Fair）、《W杂志》（W）、《服饰与美容》和《连线》（Wired and Hearst Magazine）的所有者，时尚杂志《嘉人》（Marie Claire）、《世界时装之苑》（Elle）、《时尚·伊人》（Cosmopolitan）、《十七岁》（Seventeen）、《时尚先生》和《时尚芭莎》（Harpers Bazaar）的所有者。

3.国家广告商协会（ANA），成立于1910年

它是美国广告行业最古老的行业协会之一。如今ANA的会员包括近1000家拥有15000个品牌的公司，这些公司每年共同花费或支持

超过3000亿美元的营销和广告费用。目前的一些成员是时装和美容公司，包括杰尼·彭尼（JC Penney）、美国欧莱雅（L'Oréal USA）、玫琳凯公司（Mary Kay）、L品牌（L Brands）[维多利亚的秘密的所有者，拉森扎和亨利·本德尔（Lasenza和Henri Bendel）]和沃尔玛商店（ANA，2016年）。

4. 美国广告代理商协会（AAAA，4As），成立于1917年

4As成立于纽约，是一个代表美国广告代理商的全国性贸易协会，并在其网站上宣称"4As的会员单位在广告投放量上约占全国代理商的80%"（4As，2016年）。

4As的很多会员单位与时尚品牌密切合作，如媒体代理商奢侈品集合集团（Luxe Collective Group）服务的品牌有爱马仕（Hermes）、老佛爷卡尔·拉格菲尔德同名品牌、（Karl by Karl Lagerfeld）、约翰·哈迪（John Hardy）以及豪华钟表制造商品牌宝珀（Blancpain）和宝玑（Breguet）等服务。品牌专家"选择世界"（Select World）的项目组合也包括与奢侈品牌巴黎世家（Balenciaga）、罗伯托·卡瓦利（Roberto Cavalli）、马尼（Marni）、埃尔梅尼吉尔多·杰尼亚（Ermenegildo Zegna）和乔普（Joop）的各种合作。

5. 广告研究基金会（ARF），成立于1936年

这是一家非营利性行业协会组织，由国家广告商协会和美国广告代理商协会于1936年成立，旨在共享广告和媒体领域的知识。它的既定任务是积极开发"领先和前沿的解决方案"，并"采取行动使他们的领导者精神发扬光大"。ARF希望"挑战公约并发现有益于我们会员网络的新见解"。今天，它的成员包括400多个广告商、广告代理商、研究公司、媒体公司、教育机构和国际组织，其中包括时尚品牌：李维斯（Levi Strauss & Co.）、耐克（Nike）和零售商沃尔玛。

它还出版了《广告研究》学术期刊，并拥有著名的学术成员，例如，斯坦福大学、纽约大学、纽约理工大学及沃顿商学院。

（ARF，2016年）

同样，欧洲也成立了类似的协会，例如，1924年在英国成立

了广告协会，1920年在德国成立了德国广告协会（Reichsverband der Anzeigenvertreter e.V. ），1935年在法国成立了专业广告监管局（L'Autorité de Régulation Professionnelle de la Publicité ，简称ARPP）。然而，正是在美国，广告行业在这一特定时期蓬勃发展。这也得益于早期的心理学研究和西格蒙德·弗洛伊德的门徒（无论是直接与弗洛伊德一起学习的门徒，还是学习了其理论的门徒），他们来到了美国并将心理学应用于消费者行为。20世纪初（多数活跃于20世纪初）的著名思想家是沃尔特·迪尔·斯科特、爱德华·伯奈斯、欧内斯特·迪克特、尼尔·H.博登和E.杰罗姆·麦卡锡、艾薇·李、艾尔莫·刘易斯和亚伯拉罕·马斯洛。

他们对现代营销实践的贡献对行业发展具有重要意义，因为大多数理论已被应用到今天，AIDA模型已经使用了110多年。当然，他们的思想经过了调整和进一步发展，但是就像西格蒙德·弗洛伊德的理论一样，他们的思想仍然具有现实意义。

尽管营销手段的有效运行让品牌运营成为一门新学科，但也有很多原因使这些营销人员受到深度批评。比如，他们的做法通常不遵守道德原则，伤及大众利益；又如，他们的做法操控了市场、不尊重用户身心健康等，这与弗洛伊德的原始思想形成了鲜明的对比。下一章将讨论其中一些做法的影响和后果。

道德思考

自工业革命以来，时装的生产和消费水平已经发生了明显的变化，这两者都上升到一种既加速生产、消费又同时在丢弃服装造成浪费的现象，这被称为"快时尚"和"一次性时尚"。同样，今天，许多时装品牌和激进主义者谈论可持续性以及如何改善时装业时，都在讨论如何减少因我们加速消费带来的污染和浪费。

一些专家认为，当今时装业的真正问题在于我们自从工业革命以来就长期存在的消费习惯，造成了诸如污染、生产争议以及陆地和海洋废物等全球性问题。在大多数发达国家，我们现在习惯于将消费时尚化为一种习得的行为，即使可以的话也很难做到。

实际上，2017年绿色和平组织表示，为了打破我们对快时尚的依赖，我们必须拥护"真正的唯物主义"。该小组宣扬作者凯特·弗莱彻（Kate Fletcher）的《使用工艺》一书，该书将真正的唯物主义描述为"从对物质影响不大的消费社会的观念转变为物质及其所依赖的世界的真正物质社会——珍惜"。这意味着要珍惜我们拥有的材料，而不是丢弃它们并遏制新的购买。

如果没有发生工业革命，没有发明报纸、电影院、电视和广播这些媒体工具，广告就没有这样的力量和影响力。

有如"钻石恒久远"广告一样，广告已经成为一种吸引消费者的工具，很明显，广告可以改变社会并操纵我们的行为，甚至影响人们的浪漫行为。

延伸阅读

Bernays, E. and Miller, M. C. (2004) Propaganda. New York: Ig Publishing.

Diamond, J. (2015) Retail Advertising and Promotion. New York: Fairchild.

Dichter, E. (1971) Motlvating Human Behavior. New York: McGraw- Hill.

Heimann, J. and Nieder, A. A. (2016) 20th-Century Fashion: 100 Years of Apparel Ads. Cologne,Germany: Taschen.

History of Advertising Trust (Learning Resources) www.hatads.org.uk.

Lane, W. R., Whitehill Kink, K. and Russel, T. J. (2008) Kleppner's Advertising Procedure. 17th edn. New Jersey: Pearson Prentice Hall.

Laird, P. (2001) Advertising Progress. Baltimore: Johns Hopkins University Press.

The Atlantic (2015) How an Ad Campaign Invented the Diamond Engagement Ring. www.theatlantic.com/ international/ archive/ 2015/ 02/ how-an-ad-campaign- invented-the diamond-engagement- ring/ 385376.

Tungate, M. (2007) Adland: A Global History of Advertising. London: Kogan Page.

Tye, L. (2002) The Father of Spin: Edward L. Bernays and the Birth of Public Relations. New York: Henry Holt.

Veblen, T. (2005) Conspicuous Consumption. London: Penguin.

Yiddish Radio Project (2002) Sound Portraits Productions. www.yiddishradioproject.org.

时尚推广和
公共关系

2

章节主题

- 早期的公共关系   17
- 品牌案例：伊丽莎白女王一世   18
- 品牌案例：自由火炬   22
- 品牌沟通   23
- 理解广告和公关之间的核心区别   24
- 公共关系的作用及其对广告的补充   26
- 新闻资料包和新闻发布   28
- 品牌案例：小众群体的草地网球协会   30
- 采访：特蕾莎·哈夫瓦斯（Teresa Havvas）   33
- 道德考量   39
- 延伸阅读   39

早期的公共关系

公共关系在几个世纪前就出现在我们的视线中了，但在20世纪40年代，它被称为传播。这是因为"propagare"一词在拉丁语中被翻译为宣传或活动，但用英语翻译为传播。传播是什么意思？根据麦克米伦词典（2019），这意味着"将思想与信仰传播给很多人"。

宣传（Propaganda）

麦克米伦（Macmillian，2019年）将现代对宣传的定义总结为"政府或组织为了灌输人们的观点和信仰而传播的信息，尤其是虚假信息"。

公共关系（Public Relations）

然而，公共关系的现代定义是："与多样化的内部和外部公众进行沟通，以创造一个产品或企业的形象"（Lane，2008年）。

无论是在最初的宣传形式中，还是在现代公共关系中，都存在着一个政治或商业利益组织，它希望通过传播信息来引导公众的认知。这个可以追溯到几个世纪前，16世纪，在卡尔（Cull）、卡尔伯特（Culbert）和威尔士（Welsh）试图创建一个"历史百科全书"时，就发现了相关案例。早期的一个例子就是女王伊丽莎白一世，她雇用了宣传人员，巧妙地塑造了她与公众的关系。这一点特别有趣，因为她的"公关策略"特别强调了时尚，同时将过去与现在的关联性表现了出来。

品牌案例：伊丽莎白女王一世

16世纪，伊丽莎白统治时期的公共关系是如何运作的呢？

为了维持国家政治和国际关系的稳定，伊丽莎白女王的婚姻状况给她带来了巨大的压力。因为在16世纪中期，有证据显示她并没有结婚，而是保持了单身女性统治者的身份，这一生活状态让人民对她充满了不满意与不信任。

于是，伊丽莎白一世想方设法地说服了国会接受她的选择，但是这并不足够，她需要有一个可行的方案去说服她的人民。她决定给自己冠以"纯洁女王"的名号，宣称自己选择单身是因为她已经嫁给了国家，同时，她通过一系列的时尚装束来建立自己的公众形象（图2.1）。

她和她的亲信开发了一个特别的衣橱，在那里，每一种色彩、配饰和织物都有一种隐含的语言，每一件单品都有一个单词加以解读。例如，白色代表处女，绣月牙意味着贞操，她通过这种方式向她所统治的人们传达着她纯洁的生活方式（Howley，2009年）。

图2.1 "迪奇利肖像"，马库斯·盖拉特（Marcus Gheeraerts the Younger）的伊丽莎白女王一世画像。（1592年，布面油画，女王选择了具有象征意义的服装，代表了她的纯贞；©伦敦国家肖像画廊）

从1566年开始，女王的服装选择塑造政治形象。甚至她的肖像都是经过精心设计的，以确保在不暴露出任何缺陷的同时，还能表达时尚的象征意义。于是，她的下属和人民通过所见所闻，接受了她嫁给国家的宣言，同时，也消除了对其未婚身份以及政治能力的质疑。然而，直到今天，她是否真的保持了贞洁还是像安娜·怀特洛克博士所说的"与国家同床异梦"仍然是个谜（Whitelock，2013年）。

在当今女性当权者中，也有可与伊丽莎白一世时尚相媲美的案例，例如，杰奎琳·肯尼迪（Jackie Kennedy）、米歇尔·奥巴马（Michelle Obama）或卡拉·布鲁尼（Carla Bruni）的衣橱，尽管她们不是君主或单一统治者，但她们也需要一个方式以巩固政治和社会立场，而她们选择了时尚。杰奎琳雇用了在俄国革命时期逃亡美国的俄罗斯贵族奥列格·卡西尼（Oleg Cassini）作为自己的时尚顾问。卡西尼，是好莱坞美女吉恩·蒂尔尼（Gene Tierney）的丈夫，他为杰奎琳选择了迪奥（Dior）高级定制服装，使她看起来女人味十足，同时，知性而美丽，她毫不费力地维持美国第一大人形象。卡西尼丰富的时尚经验，成就了杰奎琳完美的形象，同时，他也是许多好莱坞女星的御用时尚顾问。

在伊丽莎白一世逝世近两个世纪后，1789~1799年的法国大革命期间，拿破仑也曾经如法炮制，通过使用类似的宣传手段来控制民心，例如，在法国海峡沿岸使用小册子、音乐、戏剧、艺术和节日来传播革命思想并说服群众加入；又如通过增加新的国定假日（如他的生日），组织烟火、游行和公共舞会来笼络民心。他希望自己在人民心中的形象是一个军事领袖，同时，又是一个皇帝（Cull，2003年）。

实际上，你也可以随意地将这些政治人物称为"意见领袖"，这是我们在当今的流行文化背景下已知的术语，这将在第5章中进行讨论。

宣传到底何时才获得新名称"公共关系"？

要回答这个问题，就必须了解一下爱德华·伯奈斯，他是现代公关和广告的重要塑造者。他通常被称为"公关之父"或"影响民意的人"，或者"公关的发明者"，有时也被称为"广告之父"。

图2.2 优雅的女烟民［2002年，在伦敦举行的机身时尚（Fuselage Fashion Couture）时装秀，完美呈现了20世纪20～40年代的时尚，以及当时女性以吸烟为美的形象］

作为西格蒙德·弗洛伊德（Sigmund Freud）的侄子，伯奈斯的想法与叔叔的心理学理论密切呼应。但是，有所不同的是，他的目标不是帮助人们释放内在的自我，而是通过了解人类的心理影响，释放他们的秘密欲望。在他被银行、公司和政府聘用时，他发起了全面运动，向妇女出售香烟，向美国出售培根，向国家发动战争，甚至更多。没有他的巧妙的广告和公关发明（如推荐书），就不会有我们今天所知道的广告类型。他称他的活动为"宣传"，但因第二次世界大战中纳粹严重滥用此名词，后来被改为"公共关系"。

品牌案例：自由火炬

　　爱德华·伯奈斯早在20世纪20年代就开始从事时尚工作，"自由火炬"运动是他最知名的案例之一。他的客户包括大公司、小公司、政客和美国政府，以及烟草生产商好彩（Lucky Strike）和美国烟草公司（Great American Tobacco）。20世纪初，人们认为女性吸烟是无法想象的，尤其是在公共场合。为了通过增加女性消费者而提高卷烟销量，伯奈斯设计了一个宣传噱头，在1929年复活节主日游行时，他组织了一些当时所谓的"女性意见领袖"，在纽约游行时每人手持一支点燃的香烟，同时，召集记者到现场，对该事件进行报道，没有人知道这场游行并不是妇女维护主权的示威行动，而是一场由烟草公司发起的"路演"（Amosa，2002年）。

　　伯奈斯在为好彩香烟宣传的绿色包装上也花费了不少精力和金钱，他做了很多工作让这种颜色变成当季时尚色彩。伯奈斯在华尔道夫饭店举办了"绿色舞会"，并邀请了众多纽约的领军人物。绿色是舞会的主题，参加活动的每个人都必须从头到脚都穿戴该颜色的服饰品，如绿色的晚礼服、绿色的鞋子、绿色的手套、绿色的手帕以及绿色的珠宝（Tye，2002年，第39页）。

　　同时，为了确保信息的有效传播，他邀请了许多时尚编辑参加"绿色时尚秋季午餐会"，在绿色餐桌上用餐。因此，和他的计划一样，在舞会结束后，像《服饰与美容》这样的杂志纷纷都宣传并赞扬了这场绿色的宴会。

　　这场由伯奈斯发起的"好彩"绿色时尚热潮，让其他烟草品牌感到不安，以至于强有力的烟草竞争对手骆驼（Camel）都不得不顺从潮流制作了一个相关广告，描绘了一个穿着绿色连衣裙的女孩。

　　"自由火炬"运动和该季节最受欢迎的色彩引起了媒体的广泛报道，公众对此没有任何质疑，也没有认为新闻是人为操控的结果。《大众传播与宣传》（*Propaganda and Mass Persuasion*）的作者坚持认为，即使到今天，传播者依旧在发明创造着宣传故事，依旧伪造统计数据和制造新闻。从专业的角度来看，谎言总是穿着一件无法被核实真相的外衣（Cull，2003年）。

　　伯奈斯在时尚界的参与度也很高，他为时尚而着迷，因为他发现在宣传上，时尚公关活动可以做得更加有力且具有典范性，例如让女性改变发型或选择完全不同的外观。根据韦罗尼克·普伊拉德（Véronique Pouillard，

2013年）的说法，伯奈斯在1928年的《宣传》（*Propaganda*）一书中谈到了自己对时尚的着迷，并没有区分使用"公关"还是"宣传"一词，因为这在当时是可以互换的。

伯奈斯曾为时尚界工作过很多次，包括20世纪20年代他被法国时装设计师查尔斯·弗雷德里克·沃思（Charles Frederick Worth）所聘用，以帮助当时抗击法国时尚下滑而在美国做的宣传（Pouillard，2013年）。

品牌沟通

自公关一词在20世纪初问世以来，就一直是时尚品牌用来与利益相关者进行广泛交流的工具。在以下图表中，你可以看到时尚品牌与公众之间的双向交流。公众可以分为三类：

- 媒体人，这里面包括时尚记者和编辑、博主以及经常分享观点并能引领粉丝审美导向的名人。
- 时尚爱好者，这里面包括可以接触到品牌传播活动的人，以及客户和潜在客户，还有一些从不购买但喜欢谈论时尚的人。
- 行业从业者，这里面包括时尚行业背后的所有利益相关者，例如供应商和制造商、零售商和股东，甚至生产或销售服装的国家，他们因为与品牌的连接从而成为贸易组织中时尚品牌业务实践的重要组成部分。

时装品牌与这三个主要群体有着直接联系，并且作用是双向的。媒体人将对该品牌的新闻做出反应，时尚爱好者也将做出反应。时尚爱好者将从包括媒体在内的不同渠道了解到品牌的发展。例如，当汤姆·福特（Tom Ford）在2015年决定用时装电影代替自己的时装秀时，时尚爱好者从品牌以及撰写此作品的出版物中都发现了这一点，因此，对品牌和媒体传播有了正面或负面的态度，这反过来又可以反馈给二者。但是时尚爱好者很少与专业行业进行任何交流（图2.3）。

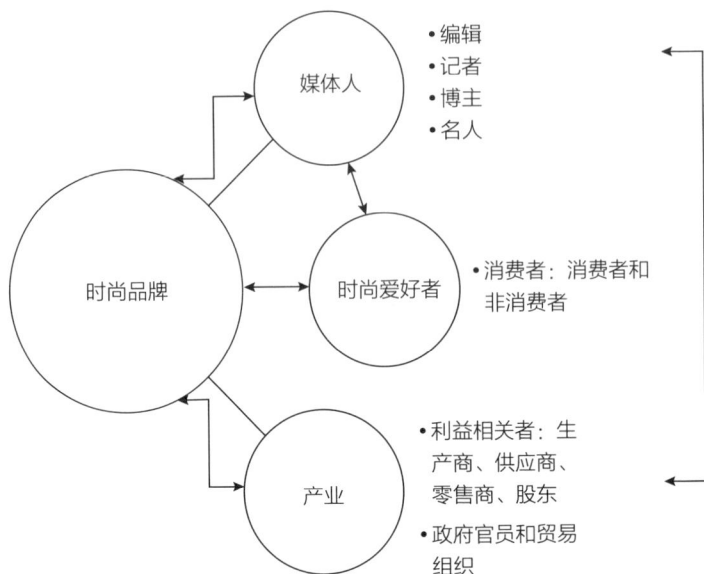

图2.3　时尚品牌与公众之间的联系

理解广告和公关之间的核心区别

美国公共关系协会对公共关系的定义为："公共关系是一种战略传播过程，可在组织及其公众之间建立互惠互利的关系"（PRSA，2016年）。

与此对应的是营销大师菲利普·科特勒（Philp Kotler，2009年）对广告的定义："广告是由认可的赞助商提供的任何形式的个人呈现和想法、商品或服务的付费形式"。简而言之，"广告是告知和传达基本信息的一种付费手段"。

而克莱普纳斯广告公司再一次指出："广告是包括由传播媒体提供的，来自确定赞助商的付费通知"（Lane，2008年）。

两者都有相似之处，并且都设计为可以协同工作，以支持品牌的所有传播工作，通常，品牌会尝试在其传播策略（当然是整个营销组合）内协调广告和公共关系活动。

即使广告和公关结合起来效果很好，有时会共享一个广告活动，但在频率、成本、控制和消费者反应方面可能存在一些基本差异。

促销的营销目标可以有许多种，例如，增加销售和收入，调整形象或提高知名度和公众接受度，通常在公关和广告之间共享目标。

表2.1表明了广告与公关的主要区别。

表2.1　广告与公关的主要区别

比较内容	广告	公关
单一活动的频率	尽可能地重复	只用做一次
费用强度	非常密集的成本	从低到高成本强度的变化
对最终结果的控制	完全控制	如果和记者一起工作，控制力很小
活动的目标	增加销售和收入	提高声誉、知名度
消费者的反应	怀疑广告	信任公关
营销目标	影响意见和反应	影响意见和反应

就活动的频率而言，明显的区别是在广告中，可以通过各种媒体渠道尽可能频繁地显示活动。但是，在公关活动中，记者可能只为当前的活动在杂志撰稿，同一篇文章将不会再出现。诸如产品发布会或时装秀之类的活动也是如此，这些活动仅上演一次，并在发生时进行报道。

广告的成本仍然很高，《服饰与美容》上的四色广告售价20万美元一页。但是，在公共关系中，可以使用诸如数字新闻发布之类的低成本措施，也可以将新闻媒体邀请到公关公司及其陈列室。当然，举办活动尤其是时装周可能会增加这一成本，这使公共关系比广告上面的成本更高。

在广告中，对活动的最终结果有很多控制权。从广告的构思和设计，到决定在何处展示以及展示多长时间，所有这些都由品牌决定。但是，通过公共关系，公关专业人士的大部分工作意味着要与行业内的新闻工作者、博客作者和舆论领袖保持联系，希望他们能在社论或媒体渠道中采用该品牌。他们通常不可能完全控制结果。

通常，广告活动的目标主要是增加销售和收入。加强公共关系的作用主要是提高对品牌或产品存在的认知，提高其声誉和接受度，最终旨在帮助品牌在市场上更好地发展，当然也可以实现更多的销售。

因为客户知道，通过广告品牌方可以直接与消费者交谈并试图向他们出售东西，所以消费者很可能会忽略甚至不信任品牌。当使用公关且行业专家谈论该品牌时，客户会表现出更大的信任度。不利的一面是，品牌方对广告活动针对消费者有着绝对的控制权，但对于说出有关该品牌的记者的发言权却几乎没有控制权。总体而言，广告可能会非常昂贵，因为任何传统媒体（如杂志、电视或电影院）都会收取高昂的价格。在加强公共关系时，如果举行活动或表演可能会很昂贵，但是由于没有购买直接的媒体资源，公共支出通常会低得多。

推销品牌或促销产品时，广告和公关之间有一个共同点：均想影响消费者的选择和反应。通过这两种促销工具，以期实现消费者对品牌持有积极态度，购买欲和品牌忠诚度的目标，这有利于整体营销策略的实施，实现品牌的增长和成功。

当今的时尚品牌方倾向于在自己的产品营销策略中同时使用两种交流工具，公关和广告活动的结合，例如杂志中广告的使用以及记者报道的同期活动。

但是，也有例外：飒拉（Zara）是一个相关案例，到目前为止，它几乎从未投资于经典广告。您不会看到任何Zara广告牌、电视广告或杂志插页。对于一个以模仿走秀而闻名的品牌，它以光速行进，也许不需要做广告，因为高端品牌已经在做广告了。

另外一个来自时尚领域的竞争者：快销品牌H&M。该竞争者非常依赖广告，他们的营销广告经常出现在城市景观中，并且以名人海报为特征。

公共关系的作用及其对广告的补充

对于时尚品牌来说，公共关系部门会代表公司与时尚杂志开展紧密合作。

公关部可能是时装品牌总部内的一个独立部门，但是，内部代理商将与当地的公关公司合作，因为他们更了解当地的市场。

独立的公关公司将接手许多客户，或者使他们成为客户的独家公关代理，或者（如上例所示）成为其他公关代理，并形成与其客户（时尚品牌）合作的代理网络和代理集群。

也许有人会想，对于一个品牌来说，仅仅在看上去光鲜亮丽的时尚杂志上购买广告来保证销售是不够的。但是，正如广告在品牌的营销组合中扮演着重要角色一样，同一时尚杂志的编辑在论坛中提及品牌（某些人可能认为这很必要）也同样重要。这相当于"免费广告"，因为它通常比为广告购买相同大小版面便宜得多。例如，美国版《服饰与美容》中一页彩色广告版面的成本将近200,000美元，但是，如果编辑撰写与该版面大小相同的文章，则该品牌仅需向公关代理商付费。公关工作的价格仅为平面广告成本的一小部分。

此外，相较于广告，读者更信任公关活动，所以公司在消费者心中塑造其正面形象是非常重要的，这对公关活动来说是非常有挑战性的，因为时尚杂志、意见领袖和博主并不能保证提供令人满意的内容。

尽管如此，有一个不言而喻的规则，即大多数杂志的确对购买了几页广告的客户给予"编辑"的偏爱。如果您翻阅《服饰与美容》《世界时装之苑》《时尚》和《时尚芭莎》，在封底、第一页和折页中看到某些时尚品牌，你很可能会在同一本杂志的社论中找到它们的产品。在这种情况下，如果公关代理机构也在为这个购买广告的品牌工作，那么他们在确保新闻报道方面的工作就容易得多。

媒体的力量是非常强大的：一个品牌可能会在广告上投入大量资金，但是当安娜·温图尔（Anna Wintour）、苏兹·门克斯（Suzy Menkes）、希拉里·亚历山大（Hillaryary Alexander）或艾曼纽·艾尔（Emmanuelle Alt）提到一个时尚品牌时，她们会使其脱颖而出。因此，对于公关专业人员而言，了解他们希望与之合作的杂志社的编辑和记者，并与其维持关系是非常重要的。他们还必须真正了解他们正在工作的品牌并找到合适的媒体。

除此之外，尽管有很多关于是否可以从经典意义上将时尚达人视为记者的讨论，但当今的时尚达人，例如美妆博主和造型师，与记者一样重要。因为传统的新闻应该独立报道，不因品牌关系而产生偏见。但是，众所周知，网络平台上的时尚达人（如时尚、美妆和视频博主）会推广与他们合作且能带来收益的品牌，以至于自媒体已发展成为一种新职业，并为体面的生活付费。

新闻资料包和新闻发布

当一家公关公司想让品牌登上有吸引力的时尚杂志时，或要让记者或媒体做相关报道（印刷和数字媒体报道）时，他们将准备并分发新闻资料包（包括纸质与电子版），并汇编该品牌的重要信息，包括最新的新闻稿、系列图片（称为外观书）以及有关本季灵感的信息。新闻资料包可能还包含有关品牌的背景信息、市场数据、视频或可下载材料的链接，当然还有小礼物和小饰品。

新闻资料包中非常重要的元素是新闻稿。一篇新闻稿通常是一段简短的书面文本，其中陈述了有关事件或具有新闻价值的故事的最重要信息，但其撰写的特别方式吸引了读者的注意力。有时，新闻稿称为新闻陈述、媒体稿或通讯稿，它的长度可以从300个单词到1000个单词不等。新闻稿可以作为新闻资料包的一部分，或者在重要的情况下也可以单独发送。

新闻稿中包含的信息应像金字塔一样构建，最重要的句子和最短的句子放在顶部，在整个新闻稿的正文中逐渐包含更多的信息，并允许在页面的下方提供较大的文本部分。

（1）第一段必须提供以下五个W问题的答案：

Who？谁是关键参与者？是您的公司还是参与该产品的任何其他人员？您的新闻对谁有影响/谁将从中受益？

What？有新鲜事发生吗？

Why？为什么会发生这种情况，为什么读者应该关心呢？

Where？在哪里发生或者将要在哪里发生？

When? 是否有准确的时间或时间表？

5W可能伴随有"H"—How。这是怎么发生的？

（2）第二段详细介绍了第一段中提到的元素，它仍然必须简洁明了。

（3）接下来可以提供有关该品牌背景或历史、统计数据以及支持该版本主要消息的有趣故事的详细信息。

（4）任何其他细节、信息或文本都可以在此处编写，但不应包含非常重要的事实，因为读者可能会忽略它们。最重要的信息到达金字塔的顶部（图2.4）。

最后，新闻稿应说明与媒体的联系，并提供有关如何联系时尚品牌的公关代理或公关部门以获取更多信息的说明。如果新闻稿不是新闻材料包的一部分，则最好指示可以应要求或通过链接以书面或电子形式获得其他媒体和外观书籍。

在图2.5中，你可以看

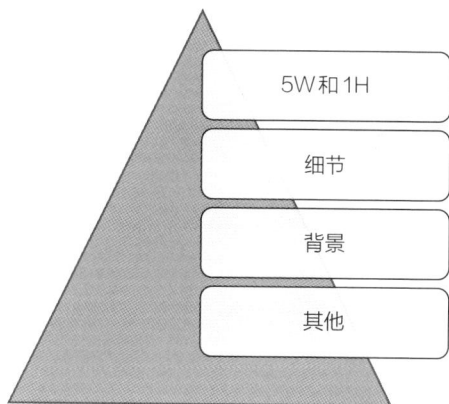

图2.4 新闻稿金字塔（作者的原始插图）

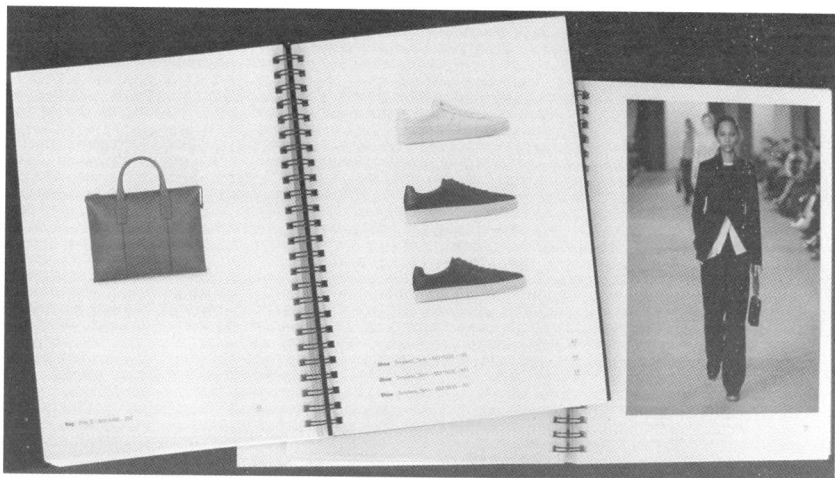

图2.5 雨果博斯（Hugo Boss）画册（左侧是2016秋冬男装配饰，右侧是T台女装；图片由雨果博斯提供）

到雨果博斯两本产品册的示例，其中一本是2016年秋冬的雨果博斯男士系列，另一本是2016年秋冬的雨果博斯女装系列。螺旋装订的小册子展示了从女装秀场实际纪略的照片和男装的静物照。两本小册子都包括现场照片，并标明每项产品的名称和编号。当记者想寻找有关该物品的更多信息时，这些小册子非常的方便，同时也适合需要订购产品、记录代码的买家。

这些画册通过互联网链接到雨果博斯新闻服务门户，客户可在其中下载趋势报告和时尚画册以备将来使用。

优秀的公关人员不仅知道哪个记者可能对撰写哪种产品感兴趣，还必须了解读者群，这是广告和公关都使用相同信息的另一个领域。

经常与同一媒体合作的专业人士会发自内心地了解这些事情，但是即使没有可用的信息，也可以轻松地找到以下信息：

每个出版物通常在其网站上提供一种称为"媒体数据"的东西。这些信息不仅是杂志的内容，对于广告和公关均至关重要。媒体数据将包含价目表或杂志中购买广告空间的价格。以《服饰与美容》为例，在美国，一张全彩页的价格约为20万美元。这里也将有关于数字广告空间成本的数据。

此外，还有关于读者生活方式（或人口统计）的数据。通常包括读者的平均年龄或年龄段、性别、是否受过教育、平均收入多少以及他们的生活方式。

广告和公关在举办特别活动时都必须了解他们想要沟通的对象。他们的目标读者是否是30岁左右，是否对设计师品牌有浓厚兴趣的城市女性？还是仍然生活在家里并且只能用零花钱购买便宜产品的少年？也许目标客户是喜欢运动和大自然，需要耐用且环保服装的人？

品牌案例：小众群体的草地网球协会

伦敦成功的公关公司（Exposure）已为李维斯（Levis）、积家（Jaeger）、巴伯（Barbour）和优衣库（Uniqlo）等知名客户提供服务，并负责通过新的营销活动成功复兴马汀博士（Doc Martens）。

该公关公司为拥有广泛客户群体的大型品牌以及本地化和小型品牌服务。你可能会将此案例看作是伦敦本地的"草根"组织，规模很小。

2004年，草地网球协会（Lawn Tennis Association）是全英国网球运动的国家理事机构，该协会组织了温布尔登网球公开赛，并联系了Exposure以帮助他们向附近的年轻人传播打网球的信息。草地网球协会设法在家庭草皮上训练了一位网球明星，但希望让更多的孩子加入他们的行列。

代理商如何确定客户的目标市场？Exposure决定瞄准大伦敦地区那些时髦且有时尚意识的年轻人，因此，所有加入伦敦繁华时尚界的代理商都向其看齐。他们从著名的中央圣马丁大学招募了一名毕业生，以设计新颖而独特的胶囊网球服系列。该系列作品由专业摄影师策划并拍摄（图2.6）。这些图像不是在铜版纸的杂志上发表，而是在日报和当地报纸上发表。这是一个很好的例子，说明了口碑和公关在目标群体方面可能比纯广告更有效。

公关公司所做的其他活动可能包括组织时装表演、产品发布会或商店发布会，寻找名人代言，维护博客关系和社交媒体关系。

公关活动也可能非常严肃：以战略和财务为重点的公关公司可能负责处理公司财务活动的所有宣传。这些公关公司不仅包括首次公开募股（IPO）并加入股票市场的大型公司，还包括活跃于证券交易所的时装公司，例如酩悦·轩尼诗—路易·威登集团（LVMH）、历峰集团（Richemont）或发发奇（Farfetch）。公关公司可以帮助他们，因为他们有义务在指定的时间周期内报告其财务结果和活动。当有企业或新的所有者被收购时，例如卡塔尔时尚偶像莫扎王妃大手笔收购华伦天奴（Valentino）以及2016年接管巴尔曼（Balmain）等。

当公司卷入丑闻时，战略公共关系也可以帮助其应对危机。2014年，德国服装品牌汤姆·泰勒（Tom Tailor）在对外公开不使用皮毛之后，被指控使用猫毛来编织冬季针织帽的事件，就是一个很好的案例。

在这种情况下，广告对于引领公众的意见没有多大用处，而公关公司却会发挥很大的作用，并提出最好的解决方法。

图2.6　草坪网球协会设计的创新网球系列成品和设计手稿（作者原图）

采访：特蕾莎·哈夫瓦斯（Teresa Havvas）

特蕾莎·哈夫瓦斯是生活方式和美容传播方面的专家和教育家，是咨询创意顾问的创始人，同时也是利普科特（Lipcote & Co）品牌负责人（图2.7），Lipcote（标志性口红唇膏）和Browcote（眉胶）都是屡获殊荣的产品。

图2.7 抹着利普科特口红的特蕾莎·哈夫瓦斯［摄影师朱莉娅·施密特（Julia Juerre Schmitz）拍摄］

问：请介绍一下自己。

答：我的生活总是围绕着美好的事务，与优秀的人文哲学为伴，具有积极向上的创业精神，经常会参与各种活动，致力于创建充满激情与生命的品牌故事。

我专注于时尚、美容和生活方式，从业已经有15年以上的历史，创立倡导独立意识的设计产品，创建美容院，并有自己的配饰品牌、时尚杂志以及为全球生活方式品牌服务的公关项目。

我2000年毕业于伦敦时装学院，它是当时少数几个拥有时尚传播学位的学院之一，该专业是由来自公关、市场营销、新闻、文化和广播界等跨学科改革而成的。这为我提供了一个极好的平台，从这个平台，我以独特而直观的创造潜力开始了作为公关专业人士的职业生涯。创作真实而引人入胜的品牌故事，将品牌真诚地与用户建立共鸣作为我工作的动力。同时，这也是为什么我如此热情地教书的原因，激发年轻人的创新实践能力，鼓励他们的创新思维，都是让我开心的事情。

问：是什么激励了你？

答：连接。具有创新意识和进取心……那些更愿意展现自己的意愿，不畏艰难和勇于挑战的人，往往提供了更有意义的创意，具有超越屏幕的社会影响和实质。有一个我指导过的创意是一个交互的联盟，我的专业知识和他们的新技能相结合，相互激发了想法，当我对项目的热情激发了一个人的内在信心和勇气时，我自己也会受到启发。

我愿意接受与勇于突破边界的人合作的机会，以便我们自由碰撞出新的创意和故事并有所收获。

我周围围绕着很多有创意的设计师、图片制作者和用视觉讲故事的人，他们来自各行各业。因此，我不断学习，挑战并乐于自由创作——花些时间与那些支持你的人一起创作，并相信这些项目和创作者，这时魔力就会发生。

问：介绍一下您的利普科特项目

答：我们刚刚推出了一个新的概念，叫作"社会面对面"（social for social），专门针对品牌的真正关注者。这是一个社会事件，通过开展一些实时的活动和后续的内容让真正与我们品牌有关系的人讲出他们的故事。

我们希望通过汇集社区、互动、自我表达等乐趣，给予品牌关键支持的方式推动传统发布会，向介绍品牌新形象转变。

我认为，无论是从场地、餐饮、花匠、爱宠，还是文身等元素，都与我们对口红的真实体验相联系，这意味着我们能够进行一场真实的现场活动。

品牌的朋友和家人也有机会面对面认识该品牌背后的人，并了解有关我们合作慈善事业的更多信息——通过夏娃服饰（Eva Appeal）来获得唇膏。同时，会有一家工作室专门负责捕捉来自新闻界、博客博主、行业内外团队嘉宾的身影。所有活动均由猎人集体（Hunter Collective）主持，这是一家富有创造力并具有进取心的美容美发自由职业者联合沙龙。

我们打破传统，在周日举行了一场日间活动，而且只有受到邀请的人员才能参加，我们知道这会引起关注和共鸣。

我们探索并赋予社交这一词各方面的含义，并花了一些时间来感谢和庆祝品牌与消费者之间的关系，这也会是一种能让人们铭记的正确方式。随着业务以如此快的速度运转，有时最勇敢的事情就是暂停、审核和重申意图，以便您可以继续前进，以更人性化的方式创建客户旅程和体验。

问：您是如何理解您的用户的呢？

答：研究与开发至关重要，与我们同在，动手并负责任地进行研究。我花了多年时间寻找品牌真正的粉丝、化妆师、美容记者、行业专家以及我们的消费者，我经常在与公共美容和时尚有关的活动和节日上与他们联系。

这是一个基础、有效的方法，也是一个长期的过程，并且需要继续努力，我们的团队会在所有媒体渠道上进行聆听和学习。

我竭尽所能与更多的人会面，从心态和人类学的角度尽可能多地了解他们，以便激发新的灵感来向消费者传达与他们相关的信息。

我与有见识、有预测能力的专家合作，运用资源，与精选的创意团队、媒体团队、美容机构和品类经理合作，以验证并挑战思维，因此，我一直对这个市场很了解。我的教学还使我能够集中讨论新想法并设置实时项目简介，以便年轻的创作者和插画家有机会与我们进行项目合作。

我们之所以能与优秀的团队一起进行大量的团队合作，是因为他们也相信品牌（图2.8）。

问：您是如何设定目标并实现的呢？

答：我们每年都会开展一系列的小型活动，与主要的零售商合作伙伴和合作者保持联系，每个活动都含有支持我们价值观的信息。

图2.8　利普科特口红密封剂（图片经特蕾莎·哈夫瓦斯和利普科特许可发布）

我们会尽可能地转发计划，并且从商业角度出发，我们将重点放在可控预算范围内的交易以及为消费者整合策略上面。

我们通过实践来实现目标，并从有效的、无效的方法中学习以不断进步。

问：在这个过程中会有哪些限制呢？

答：除了常规预算限制外，就没有其他了，这意味着我们需要更长的时间才能发挥我们的潜力，并有时间建立伙伴关系，以使双方互利。

我认为，金钱可以加速谈判的过程。只要我们一直与客户保持联系，并以他们关心的价值观为他们提供所需的产品，我们就有时间达成合作。

当你与任何大、小品牌合作时，这个过程都是实现你的愿望不可或缺的一部分。对于一个富有创造力的人而言，多年来，这是最难掌握的……它很可能是组合中最重要的一个环节。

问：您是否看到公关和广告之间的联系？

答：是的，我认为它是圆形的，互相依靠着对方。我相信，最好的公关就像广告商一样，最好的广告也像公关。这是所有广告系列，采用整体和上下混合的方式，形成了一个消费者可以参与的紧密接口（图2.9）。

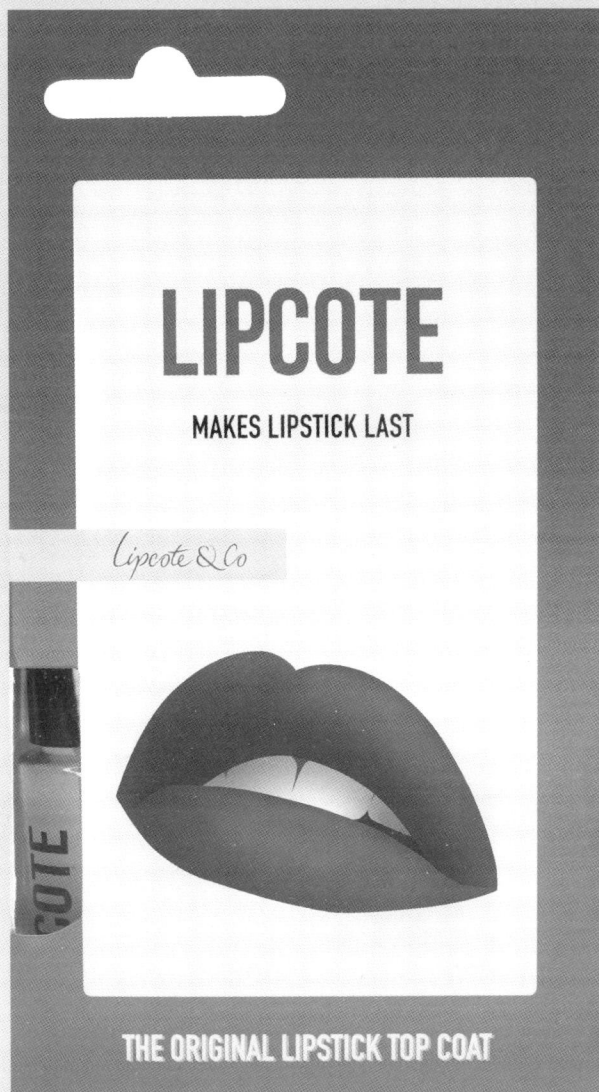

图2.9　利普科特包装（图片经特蕾莎·哈夫瓦斯和利普科特许可发布）

问：您在公关工作时如何看待道德和社会责任？您认为什么是美的标准呢？

答：从业人员必须花时间教育和创建平台，以寻找人才来培养和指导未来的沟通者，这是至关重要的。我认为，所有宣传活动都应考虑积极的社会影响，这是成为先锋的原因，因此，影响力随着目标、正直及其透明度传播得更远（图2.10）。公关交付得当可以推动变革并激发原创思维。

美的标准是很高的，因此，理所当然地应当受到关注，我们看上去很高调，但是我们却以一个专业的态度给生活带来光明，带去色彩。

我认为追随者人数并不能成为成功的晴雨表，成功与实质相伴而生，并且来自经验丰富、知识渊博和共同协作的人。

社交媒体是一个理想的聆听工具，我们必须谨慎地运用它来进行创作。

问：您对当前和将来的公关专业人员有何建议？

答：尊重别人的创造精神。积极研究和探索，富有好奇心并且敢于挑战；

图2.10　利普科特产品展示（图片经特蕾莎·哈夫瓦斯和利普科特许可发布）

与那些不断推动你发挥才能、聆听你的人们一起用心做好每一次活动，并且尊重活动重组的机会，这样你才能不忘初心。记住公关PR中的R是关系，感受他们，连接他们并负责任地对待他们。

道德考量

公共关系是宣传的演变，二者内容几乎相同，唯一的区别是名称。无论你用什么术语来形容公共关系，它都有能力来操纵人们的思想，从而使特定品牌、个人或组织受益。公共关系与宣传之间的关系通常是单方面的，并且仅惠及一方。现在，我们的公关公司发展如此之快，以致拥有可信赖的专业实践和可衡量的成果，使其成为任何时尚品牌的有利可图的工具。

此外，公关特技经常被伪装成真正的社会事件，例如伯奈斯的"自由火炬"。这意味着消费者被愚弄了，无法对特定产品或品牌做出明智的决定。公关的艺术包括理解个人和群众的心理，以及使用最合适的大众传媒工具来影响社会。

当务之急是要考虑任何此类行为的伦理含义，尤其是在将负面、不健康或不公平的事物错误地描绘为正面的事情时，例如将香烟描绘成健康且高度流行的做法。

延伸阅读

Bernays, E. and Miller, M. C. (2004) Propaganda. New York: Ig Publishing.

Chomsky, N. (1995) Manufacturing Consent: The Political Economy of the Mass Media. London: Vintage.

Cope, J. and Maloney, D. (2016) Fashion Promotion in Practice. London: Bloomsbury.

Dowson, R. and Bassett, D. (2018) Event Planning and Management: A Practical Handbook for PR and Events Professionals. London: Kogan Page.

Diamond, J. (2015) Retail Advertising and Promotion. New York: Fairchild.

Moore, G. (2012) Basics Fashion Management: Fashion Promotion 02: Fashion Promotion: Building a Brand through Marketing and Communication. Lausanne, Switzerland: Bloomsbury Publishing PLC; Imprint: AVA Publishing SA.

Perlman, S. and Sherman, G. J. (2012) Fashion Public Relations. New York: Fairchild.

Smith, P. R. and Zook, Z. (2016) Marketing Communications: Offline and Online Integration,Engagement and Analytics. 6th edn. London: Kogan Page.

Tye, L. (2002) The Father of Spin: Edward L. Bernays and the Birth of Public Relations. New York: Henry Holt (Owl Books).

营销组合和 沟通工具

3

章节主题

- 营销组合的起源   41
- 营销沟通工具   47
- 其他三个元素：3P元素   49
- 新的营销组合：4D元素取代4P元素   51
- 采访：莎朗·休斯（Sharon Hughes）和唐娜·夏普（Donna Sharp）   53
- 道德考量   58
- 延伸阅读   60

营销组合的起源

如前几章所述，一些建立了现代营销、广告和公关基础的重要人物是：尼尔·H.博登和E.杰罗姆·麦卡锡、爱德华·伯奈斯、欧内斯特·迪克特、艾薇·李、艾尔莫·刘易斯、沃尔特·迪尔·斯科特和亚伯拉罕·马斯洛。在爱德华·伯奈斯活跃的几年中，自从建立了"公共关系"一词，便出现了另一个新的营销术语：市场营销组合。

"市场营销组合"是20世纪著名思想家尼尔·H.博登发明的，他在

1940年提出了市场营销组合，后来成为过去和现在营销理论的重要基础，同时，也是高等教育用于市场营销的框架。

该组合包括了使品牌成功和盈利所需的基本要素。1960年，E.杰罗姆·麦卡锡将这一理论进一步发展，并将这些要素分为不同的组，称为4P：

产品（Product）
价格（Price）
地点（Place）
营销/促销（Promotion）

通过广告和公共关系等沟通策略，这四个基本元素决定了需要生产和分发的产品、销售产品的价格、地点和促销活动（图3.1）。从理论上讲，这些元素可以被控制以确保业务盈利。

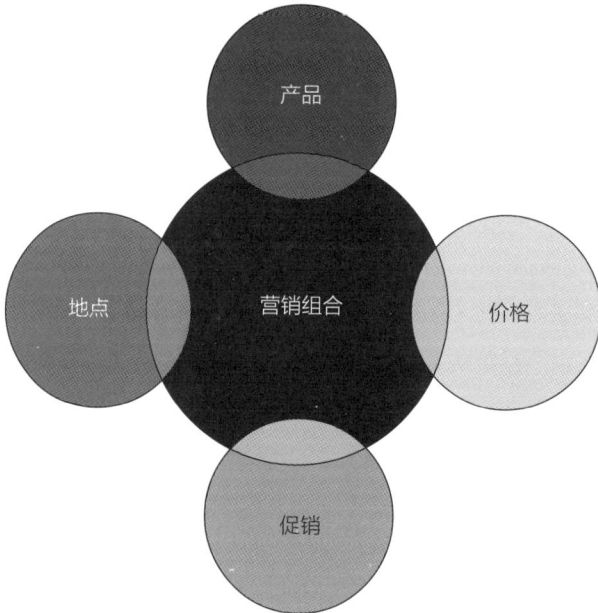

图3.1 营销组合（作者基于营销组合的原始插图）

4P元素的细节

产品
价格
地点
营销

附加三个元素：流程（Process），有形展示(Physical Evidence)，人员(People)

20世纪80年代，营销组合4P进一步扩展到7P（表3.1），并更多地关注服务，包括流程（服务流程），有形展示和人员（参与者）（科特勒等，2009年，第17页）。

许多文献和随后的讨论都提到了4P、7P、8P或更多具有各种适应性和扩展性的营销组合。本章将深入研究经典的四个元素，同时探讨伯纳德·布姆斯（Bernard Booms）和玛丽·比特纳（Mary Bitner）在1981年提出的另外3项。

产品

对于任何销售有形产品（如服装、鞋、配饰等）的时装公司来说，产品是"营销组合"关键的组成部分。这还可能包括香水、化妆品、珠宝和手表。一些时尚品牌有意识地选择所谓的品牌扩展或品牌延伸到其他细分市场，这意味着它们也可能会提供旅行体验，如酒店、饭店、食品、家庭用品、鲜花等。

一个典型的例子是阿玛尼（Armani），它提供了多个时尚品牌并将所有项目列明，价格从奢侈品价位到轻奢价位和特优价位不等。

飒拉是另一个专注于服装领域的品牌，但同时也拥有飒拉家居商店（与时尚商店分开），提供家居用品和快速时尚价格范围内的精选服装。

品牌策划是使消费者对一个时尚单品感兴趣的非常重要的一点。

表3.1 科特勒等人提出的7P元素 (2009)

产品/服务	价格	晋升	地点	有形展示	过程	人
产品或服务 设计特点 品牌名称 包装 服务	正常价格 折扣价 付款条件 定价策略	广告 公共关系 促销 直接营销 线上和线下	全球频道 产品组合 位置 库存 运输	有形的服务 环境和展示 声音 视觉 气味 品位 触觉 包装	服务设计 自助服务技术	工作人员 客户

根据科特勒的说法，品牌是"能够确定产品或服务制造商或销售商的名称、术语、标志、符号、设计或其组合"（科特勒等，2009年，第511页）。

如第1章所述，品牌随着工业革命的开始而盛行，以更好地将自家产品与各个制造商的区分开，在过去的几个世纪中，品牌已发展成一种艺术和职业。品牌名称、徽标和特点是其中不可或缺的一部分，它构成了时尚品牌在质量和性能方面的声誉。品牌的包装也会增加消费者感知和享受品牌的途径。

对于时尚消费者来说，品牌形象有时会掩盖产品本身，并让其接受高价。近年来，当街头品牌与奢侈品牌合作时，诸如Supreme之类的品牌一直在改变人们对奢侈品牌的认知和购买方式。与Supreme的合作引导消费者们提前数周就参与了所谓的"产品发售"，以此取得机会到实体店排队购物，希望能在产品"售罄"之前得到它。产品的质量几乎不在他们的思虑中，因为他们在购买前没有进行测试和检查。品牌的隶属关系足以引起炒作。

时尚产品还可以通过服务或体验（如美容护理、应用程序或活动）得到补充，但最终会与时尚品牌和以其闻名的核心产品联系在一起。对于专注于服务的企业，补充三个元素（如本章中进一步描述）是其营销组合的基本要素。

价格

时装企业的定价策略决定了消费者需要支付多少来获取产品和服务。在大多数情况下，价格与市场水平直接相关，高级时装的质量和声誉可能非常昂贵，而快时尚时装（或一次性时装）则最受消费者欢迎。

时尚产品的各种价格水平可以按图3.2所示的金字塔分类为价格和质量等级。

价格由生产和分销成本以及品牌可实现的增价决定。大量生产的商品加价幅度可能很小，但由于售出的商品数量巨大，生意依旧保持盈利。手工制作的奢侈品，像一只豪华限量手表的生产数量非常有限，

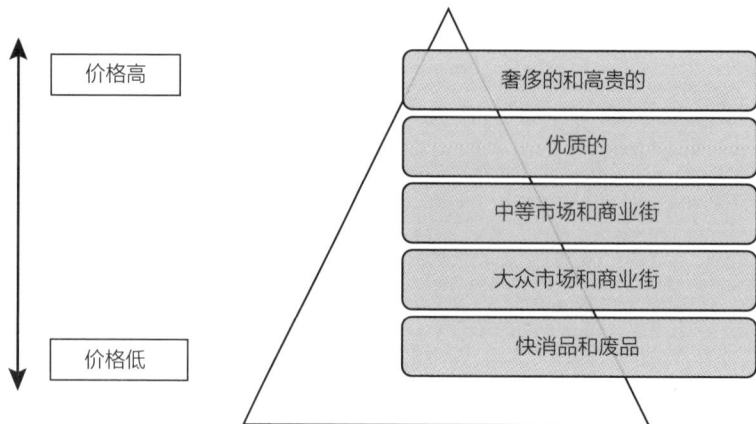

图3.2　价格和质量金字塔的层次结构

并且需要很高的价格才能证明较少的数量以及制造过程中所花费的时间、精力和材料。

品牌还必须仔细监控竞争对手的价格，了解客户准备付款的方式以及是否会重复购买。

在产品促销方面，可以通过打折、交易（即"买一送一"，享受50％的折扣）或优惠券来使用价格策略，以诱使客户进行购买。

地点

这个元素主要包括各种销售渠道参与时装的运输、物流和分配。必须生产或采购足够的商品，以便可以在"地点"提供商品，该"地点"可以是线上、线下、通过邮购目录或者直接购自制造商。品牌必须确保正确的分类并仔细监控其库存。此外，在高度全球化的业务中，该地点不再必须固定在一个原产地和本地分销地。奢侈时装品牌可能仍在一个工作室（该品牌几十年前的起源地）生产产品，但他们的消费者将期望在无数的全球地点购买产品。中端市场和快时尚品牌通常在多个国家/地区生产，需要大量管理。时间管理也起着一定的作用，因为产品必须到达相应的地点或可以通过任何销售渠道获得适当的数量。

此外，现在的消费者希望有吸引人的、娱乐性强和体验感的实体和数字购物场所。第8章进一步研究了如何通过感官品牌和数字集成来实现这一点。

营销

这个元素是本书的重点，它表示与目标客户和潜在客户进行有效的沟通，目的是提高知名度、利润或两者。营销包括广告和公共关系，促销和直接营销，可以在线上、线下和面对面实现，通过视觉营销、名人代言、赞助和游击营销达到目标效果。

如第1章所述，美国是后工业广告领域的先驱之一，而最早的广告代理公司则出现在19世纪下半叶，如沃尔特·汤普森（成立于1864年，至今活跃）和艾耶父子公司。

营销还高度依赖于大众媒体，如报纸、电影院、电视和广播，当然还有数字媒体。营销渠道的选择是企业必须制订的沟通策略计划的一部分。这涉及设定目标、预算和可衡量的关键绩效指标（KPI），以监控沟通工作的结果。

营销也是一个成本问题，因为营销活动和合适的平台成本可能非常昂贵。同样，品牌精心策划和执行的促销活动可以带来很高的投资回报率。如果没有营销活动，大多数品牌就不可能存在。

营销沟通工具

任何公司的业务策略都可能设立总体目标，营销部门将制订适当的具体计划，然后将其转变成可实行的计划来完成营销与沟通。

营销沟通计划将制订一个时间框架，最佳营销实施工具及方式包含其中。就营销组合而言，属于4P元素中的促销（Promotion）元素。

图3.3显示了一种集成营销沟通计划的方法以及各种可用工具。根据业务需求，可以减少、扩展或更改以适合战略和营销目标，并且通常使用线上和线下方法的组合，可以将其分为"线上"和"线下"活

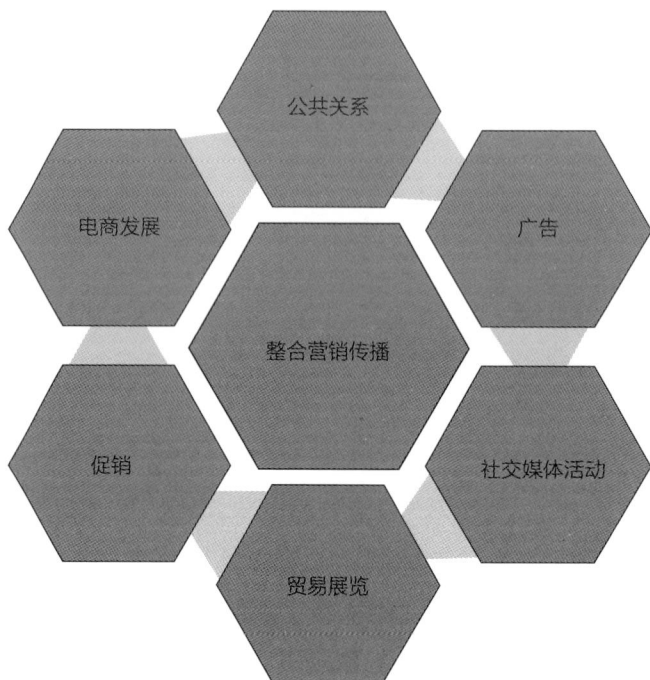

图3.3 整合营销传播（作者原图）

动。这些将在第4章中进行详细的说明，其中包括：

- 公共关系
- 广告
- 社交媒体活动（跨各种平台并与社交媒体人物合作）
- 贸易展览、会议、演讲和活动
- 促销（直接邮寄，实体店或线上）

为了选择合适的工具，了解时尚品牌是要使用大众传播（大众营销）还是针对性很强的传播（目标营销）是非常重要的。

大众营销

大众营销旨在吸引所有人，而不考虑特定的目标市场。

这对基本产品尤其有效，例如袜子、内衣、棉质T恤，有人可能会说，因为不管是谁，在生活中都将需要这些物品。

在这种情况下，为推动一个平平无奇的主打产品，使品牌与竞争对手区分开来并进入大众市场，品牌之间的合作非常有用，就像H & M与大卫·贝克汉姆（David Beckham）合作推出内衣产品时所做的那样。

注意：线上交流最适合大众营销。

目标市场

对于有目标的市场营销来说，企业和品牌通常会花费时间和精力去研究他们的消费者。

而这个方法的优势是你的营销工作将会非常明朗和有效，你可以去研究为你的品牌消费的人们。

品牌沟通计划将针对这些特殊客户而量身定制。

注意：线下交流对于目标市场营销更合适一些。

其他三个元素：3P元素

人群（People）

人是直接或间接与消费者联系并在所提供的产品或服务中发挥作用的角色。这些人可能会参与产品的设计、生产、分配或交付。他们可能是线上销售人员或正式员工。

对于企业来说，售后服务是与消费者连接的关键点。企业必须非常重视这一点，以便于与消费者建立积极、持久的关系，并且进行重复销售。一个典型的例子来自航空业，航空公司争夺乘客。无论预订过程和飞行前的经验如何，最终的考验都是飞行本身。机舱乘务人员和机务人员在有限的时间为乘客提供了什么样的服务，代表了航空公司的一切。他们的服务、形象和能力通常决定乘客是否会为下一段旅行选择同一家航空公司。

对于时尚品牌来说也一样，销售人员只有很短的时间来打动客户且让他们进行二次消费。另外，与航空公司相反，人们在未购买产品的情况下，要由员工来吸引消费者购买。

此外，企业内部的管理和营销人员，在品牌幕后起着重要作用并且对消费者的影响很大。如本章末尾的案例所示，不道德或不明智的行为会使客户失望并导致品牌质量下降。

流程（Process）

流程这一次可以用系统来代替。这是一个任何企业都需要具备的系统，因为它负责将服务传递给客户。技术流程可能包括制造产品的流程，满足客户需求以及供应链管理（SCM）的流程（数字时代，2016年）、电子流程或交易流程（支付系统）、售后流程以及客户旅程的所有要素。

出现"流程"的一个主要例子是时尚、美容和化妆品领域的订阅业务趋势。桦木盒（Birchbox）是一家从在线注册到接收常规产品交付以及自定义订阅、无缝链接客户旅程的公司。只有经过深思熟虑的流程才能成就品牌的完美。

有形展示（Physical Evidence）

品牌上的有形元素，是客户体验服务或获得品牌精神的证据。例如，服务环境中的有形元素，可能是建筑物或商店及其中的声音、视觉、气味、味觉和触感，包括任何实质性暗示。手册、传单、名片或网站可被视为服务环境及其展示。因此，有形展示与地点（Place）关联，并且已提取了其中的元素将其分离为"有形展示"。

这种展示的其他元素可以是包装，例如购物袋和包装纸以及服装上的名称和标签。如果购买奢侈品，则需要用优质材料精心包装，而一家快时尚商店可能会要求顾客为塑料袋支付额外的费用。

钟表匠或珠宝品牌的小册子可能会印在优质的光面纸上，这将再次向消费者传达该品牌的定位、身份和市场水平。

总体而言，有形展示不仅必须显示与一个零售点的一致性，还必须显示与所有商店甚至线上的一致性。

根据牛津市场营销学院（2013年）的说法，员工必须显得聪明整洁，穿着得体，这可能从穿制服或遵守着装规定受益，从而为现有和潜在客户展示一致的形象。

新的营销组合：4D元素取代4P元素

由于全球变化，20世纪有了新营销组合的需求，此时，旧的营销组合是否仍然适用于所有类型的时尚企业是个问题。

可以说，当4P元素替换为4D元素时，新的营销组合将很有用（图3.4）。

4D元素是什么？

多样性取代地点（Diversity replacing place）： 公司需要全球化思考，因为他们需要和不同文化的地区进行交易。中国和印度将在不久的将来取代美国市场（市场调查机构欧睿国际），因此，所有公司都应

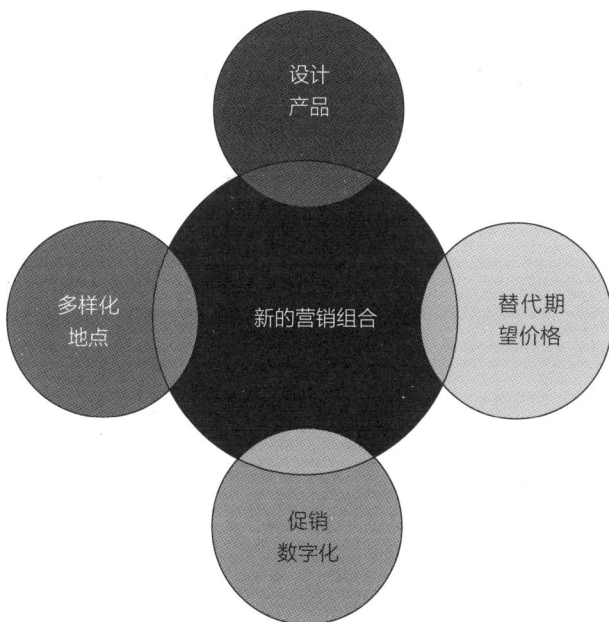

图3.4 新的营销组合：4Ds（作者原图）

考虑如何向新市场出售产品并雇用知识渊博的员工。市场现在几乎无处不在，非常多样化且国际化。

即使在本土国家，越来越多的时尚消费者也希望看到自己的多元化在品牌与他们的沟通方式中得到尊重和体现。例如英国的《服饰与美容》更改了其编辑团队，使其工作人员中的种族和族裔更加广泛，这是时装界广受赞誉的一步。英国是一个高度多元化的国家，尤其是伦敦，因此在时尚出版物上再也不能忽略这一事实。

数字化取代营销（Digitalization replacing promotion）：电子平台对于品牌的营销来说相当重要。当你在像Burberry之类的实体商店中消费时，你就可以通过POS机来互动。时装品牌必须通过不同的设备和平台与消费者互动，特别是针对年龄段和地域性习以为常的交流平台。即使促销活动是店内销售或游击式营销装置，它也应该得到电子平台的支持。

设计替代产品（Design replacing product）：一些新型技术彻底改变了我们设计产品的方式。纳米技术、智能纺织品以及3D或4D打印将把产品从构思转变为生产。香奈儿（Chanel）等品牌已将3D打印的纺织品纳入其高端系列，而快时尚品牌优衣库（Uniqlo）以其具有智能特性的热技术（Heat Tech）和高科技纤维（Airism）织物而闻名。

此外，趋势正在日新月异地改变着，很少有品牌像几十年前一样，每年只发布两个系列。随着品牌频繁"丢弃"（或发布）产品系列，消费者越来越关注产品的设计和风格。品牌促进销售必须进行紧跟潮流和有趣，而设计才是关键。

替代期望价格（Desire replacing price）：随着神经科学揭示了消费者大脑的奥秘，科学和市场营销意识到了使人兴奋的原因。尽管价格仍然很重要，但更重要的是在消费者心中创造欲望。如果一个品牌有一个伟大的故事，通过正确的渠道进行宣传，并创造出具有特色的产品和品牌形象，那么消费者将渴望这个品牌并且接受价格。据说，新的伟大消费群体叫作Y世代（或"千禧一代"），他们更关心品牌的形象，而不是价格或质量。但是Z一代和Alpha继任者呢？对于时尚品牌来说，当务之急是要了解如何在所有年轻一代中融入渴望的情感，同时又不疏远年龄较大的一代。

采访：莎朗·休斯（Sharon Hughes）和唐娜·夏普（Donna Sharp）

莎朗·休斯（Sharon Hughes）是国际知名的演讲者、时装营销专业人士和教育家，专门研究数字时装业务和社交媒体策略（图3.5）。她在企业合作、课程开发和学生体验方面也很出色。莎朗曾在梅西百货公司、英国《型时代》（*InStyle*）杂志、洛瑞的鞋子（Lori's Shoes）、有限品牌（Limited Brands）和香奈儿等品牌的营销管理部门工作。

莎朗在美国东肯塔基大学获得了市场营销管理和时尚商品学士学位，并在伦敦城市大学（LMU）进行了国际市场营销的研究生学习，她的硕士学位研究是通过个人品牌进行的，并且接受了本研究的采访。她曾被英国《型时代》杂志聘用。2008年，她担任全球知名鞋店洛瑞的鞋子的网络营销经理。由于当时缺乏数字营销人员的资源，她受到启发，为LCF开设了网络营销和社交媒体短期课程，至今，她仍然是那里的客座讲师。

图3.5 莎朗·休斯（Sharon Hughes）

　　莎朗还是崭露头角创意艺术教育机构的创始人，也是《职业生涯日报》（*Career Girl Daily*）的前时尚和生活方式作家。她曾在《艺术专业杂志》（*Arts Professional*），《造型师》（*Stylist*）和迪拜的《迪拜有什么》（*What's On Dubai*）杂志上发表文章。她最初来自肯塔基州的路易斯维尔，曾在四个国家和美国不同城市生活过，毫不费力地在全球留下了自己的印记。

　　问：营销对您意味着什么？

　　答：营销对我来说就是以合适的价格向合适的目标受众在合适的地点展示合适的产品。它是通过吸引消费者的生活方式与消费者建立关系，以及通过了解他们不断提高的生活需求和愿望来维持这些关系。

　　问：请讲述您为唐娜·夏普品牌所做的项目里，是如何使用营销原理的？

　　答：作为美国传统纺织品（American Heritage Textiles）（床上用品牌）的市场总监，我需要负责将这家20世纪90年代创建的老品牌唐娜·夏普重新进行品牌塑造，改变原来忠诚客户的心态是非常具有挑战性的，我想这是我角色中最具挑战性的部分（图3.6）。

　　但是，随着唐娜·夏普公司转到了新当权者手中，也就意味着唐娜·夏普这个品牌也会随之改变。于是，在确立新的使命和品牌价值后，我通过战

图3.6　为唐娜·夏普品牌所做的项目（经莎朗·休斯的友好许可）

略品牌研讨会邀请了部门负责人、首席执行官和所有者，在研讨会中我使用了4P元素来讨论我们的新计划。通过重新定义我们的产品（谁是唐娜·夏普品牌，我们代表什么，为谁创造产品——我们的客户），重新制定了定价策略，这个在我进入之前没有人能做到。从图表中可以看到，产品将在四个定价和定位范围内推出，并在整个季节内以相应定价发布。我们的收藏集（通过电子商务形式）将在一年中零星推出，这将使我们的电子商务尽可能保持新鲜，满足当前网上购物者的欲望，因为研究表明，消费者购物频率更高，并且在进入电子商务网站时渴望获得新品和销售。

作为制造商和零售商，我们不仅要在自己的网站上销售产品，而且要在合作伙伴网站（如Wayfair）上销售产品，并与批发客户（如精品店和目录网站）一起销售，因此必须在市场上确立自己的位置。

关于促销活动，以前唐娜·夏普的促销物料非常普通，不吸引人且令人困惑。在我到达之前，这些广告系列的特色是启用20多岁的模特，而唐娜·夏普最年轻的消费者则是50多岁。因此，品牌的面孔不能代表品牌追随者。于是，在春季活动中，我们启动了一项综合战略，利用印刷品和数字媒体、网站、PPC和社交媒体。我们选择了与我们现在和潜在购买力消费者年龄相仿的模特，并且采用更加多元化的模特。拥有1.2万亿美元的消费能力的非裔美国人消费者，对于想要增加市场份额和品牌偏好的聪明品牌来说，是一个重要的群体。因此，您可以看到此广告系列的效果。我们的营销物料和促销活动看起来更清新，更特色鲜明，更有亲和力。最重要的，它是最新的、当下的和多样化的，莎朗·休斯在活动当中以自己为模特来代表多样性。

问：您认为您是否使用了7P所有元素，如果使用过，您是如何使用它们的？

答：是的。随着年岁的增长，我们向现有客户展示母公司定位时，保持人员、流程和有形展示的一致性，维持他们为孩子X世代建立的关系开展产品、价格和多样化的促销活动以吸引新客户（较早的千禧一代）。

问：您是否使用过任何营销和品牌沟通工具？

答：当然。

问：项目的结果是什么？

答：仍在进行中。但是我们的销售额增长了21%，网站流量增加了53%，我们在社交媒体上的参与度有所提高。我们的点评平均分是4.7 / 5.0，而且我们已经推出了一个名为你的生活方式（Your Lifestyles）的现代品牌，以服务我们希望吸引的新客户。因此，我要说的是我们正在朝着正确的方向前进（图3.7~图3.10）。

问：有什么让您感到惊讶的吗？

答：是的，将内部团队培训到新的品牌标准是多么艰巨的挑战，55岁以上的客户是多么忠诚。

图3.7 唐娜·夏普品牌的新品牌形象（经莎朗·休斯的友好许可）

图3.8　唐娜·夏普品牌具有多样性的新品牌形象（经莎朗·休斯的友好许可）

图3.9　唐娜·夏普品牌的新产品和定价策略（经莎朗·休斯的友好许可）

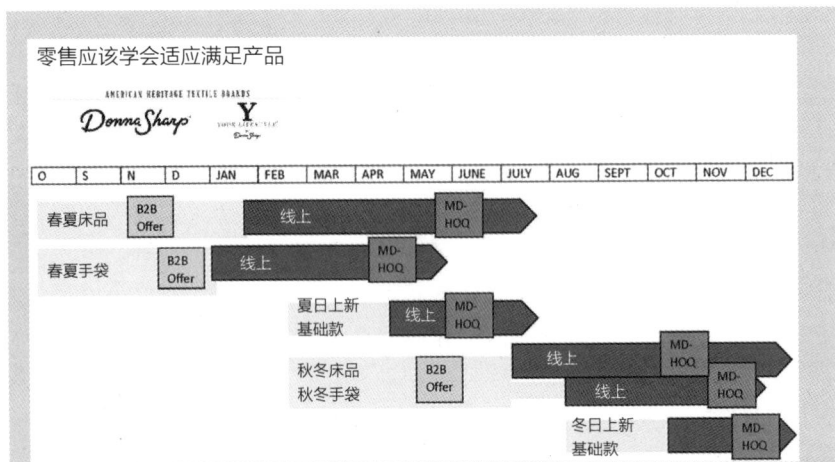

图3.10 唐娜·夏普品牌的产品发布计划（经莎朗·休斯的友好许可）

道德考量

营销组合的每个P元素都应考虑道德问题。

产品

它是可持续的或者可以回收的吗？从身心和精神上来说，预定目标人群是否能安全地使用？在其他行业中，不道德产品的影响会更加明显，例如快餐、赌博、酒和烟草的营销。当爱芙趣（Abercrombie & Fitch）推出一款带有种族主义色彩并侮辱亚洲人和亚裔美国人的衬衫时，人们参加了抗议活动。在负面新闻广泛传播之后，该公司并未表达歉意，不情愿地将产品从货架上撤下。

美国英敏特（Mintel）公司在2015年发布了一项关于道德态度的研究，发现超过60％的消费者认为道德问题很重要，而35％的消费者将停止从他们认为不道德的品牌购买产品。此外，当品牌被个人成功开发并利用时，消费者会感到不舒服（Mintel，2015年）。这意味着道德操守不仅是营销专业人员的个人问题，还是时装公司的战略问题，如果处理不当，可能会导致收入下降。

这就是为什么这些问题是那么重要：产品是如何制造的？供应链是否可持续，并且在整个过程中是否尊重自然、人类和动物？如果没有，这些方面是否可以改善？

促销

促销是一个非常突出的道德问题，因为它与高度不道德的做法一起被发展。促销活动通常是操纵性的、误导性的，并且会对用户造成伤害的。第9章专门讨论促销的有害副作用，尤其是在广告方面。

场所和零售空间通常充满欺骗和操纵。最典型的例子是诱使销售标志进入商店，在商店中已经预先计算了销售额，这是吸引顾客进入大门的技巧。在线上，消费者经常收到一些针对性的广告和旨在诱使购买的激进新闻通讯的轰炸。

此外，如第8章所述，旗舰店、零售大楼和商店可以使整个地区高档化，并且驱逐了小型和多元化的企业，如此改变居民的社会和城市生活。

价格

这就引出了价格问题：消费者通常被说服先购买再付款、分期付款或者用信用卡或储值卡消费。分期付款可以说是一项伟大的发明，可以帮助消费者购买通常他们买不起的昂贵商品，但定价策略通常会使人们背负沉重的债务。

人群

最后，许多时尚品牌的员工和销售人员都受到了培训，并被迫以不道德的方式行事。销售人员接受过心理说服技术方面的培训，而消费者通常没有意识到这一点。有多少次销售助理提供的服务是最终决定因素？多少次他们和我们最好的朋友一样友善？虽然优质的服务是有好处的，但时装公司需要就道德操守准则制定明确的指南。

纳奥米·克莱因（Naomi Klein）、让·基尔本（Jean Kilbourne）、纳奥米·沃尔夫（Naomi Wolf）等作家，《广号克星》（Adbnster）等组织已经撰写了关于对成年人和儿童进行操纵性、全球化和不道德营销的问题。

一些品牌非常重视道德处理，并试图在其业务的每个步骤中实施最佳实践计划。可悲的是，只有少数品牌会这样做，像布鲁奈罗·库奇内利（Brunello Cucinelli）、巴塔哥尼亚（Patagonia）、斯特拉·麦卡特尼（Stella McCartney）和人物树（People Tree）是少数支持者。但幸运的是，品牌方意识到消费者期望品牌遵循某种道德规范，这反过来意味着品牌需要采取一些措施。

延伸阅读

Easey, M. (2009) Fashion Marketing. 3rd edn. Oxford: Blackwell (available as an e-book).

Jackson, T. and Shaw, D. (2009) Mastering Fashion Marketing. New York: Palgrave Macmillan.

Jobber, D. (2010) Principles and Practice of Marketing. 6th edn. London: McGraw Hill.

Kotler, P., Armstrong, G., Wong, V. and Saunders, J. (2012) Principles of Marketing. 5th European edn. Harlow: FT Prentice Hall.

Kotler, P. and Lane Keller, K. (2016) Marketing Management. Global Edition, 15th edn. Harlow: Pearson Education Limited.

创建营销信息：

品牌和营销传播

4

章节主题

- 广告代理   61
- 新旧沟通渠道   64
- 品牌案例：迷你汽车——MINI   66
- 消费者的信任   69
- 采访：托尔斯滕·沃伊特（Thorsten Voigt）   70
- 广告代理和时尚品牌的创意方向   73
- 当今时尚媒体面临的挑战   75
- 采访：德国知名媒体代理公司   77
- 道德考量   79
- 延伸阅读   80

广告代理

大约在19世纪初，第一批广告代理商成立了，与我们今天所知的代理商非常相似。但是，原始的广告代理商通常只提供部分服务。在20世纪80年代，小型机构与其他机构合并成为大型连接网络，它们能够在全球范围内运作。这在当今全球大多数商业环境中都具有重要意义。在全球市场中，代理商也看到了他们所提供服务的转变。

如今的代理机构可能是"全方位服务的代理机构"，不仅可以制作经典广告，还可以进行市场研究、为数字平台提供内容、举办活动、参与公共关系并展示活动的所有媒体。目的是为客户提供360°的服务。

代理商获得工作的方式是将他们的想法介绍给希望做广告的潜在行业客户。在这种情况下，代理商会提供自己想法、为客户制作的广告类型以及通过哪种媒体进行展示的初步构想。如果客户对演示感到满意，则签订合同并开始实际工作。

无论是已签署的宣传活动还是全面宣传活动，代理商都需要客户提供一些重要数据，这些数据通常会放在客户简报中。没有这些信息，广告活动可能会完全失败。

客户简报

客户简报基本上是客户为代理商撰写的一组说明。根据施耐德和彼得·普夫劳姆的介绍，简报的基础是营销策略，该策略通常说明通过哪种方法和在哪个市场向哪些目标客户提供了哪些产品。简报通常会非常独立，但理想情况下应包含以下几点：

1. 现状分析

- 有关竞争对手的信息，例如他们的市场份额和竞争对手的产品。
- 市场信息，例如市场数据和通过经验收集的数据。
- 有关产品和品牌本身的信息，包括优缺点、接受度、起源或历史。
- 外部影响，例如趋势、政治或社会因素。
- 营销策略整体发展。

2. 目的/策略

活动规模、活动类型、行动计划。

3. 目标

沟通目标，例如增加产品的使用率，信息在市场中的渗透，消费者态度或行为的改变，品牌形象的改变，使品牌更知名或更受欢迎等（增加收入和市场份额的近期目标不应成为广告系列的主要目标，因为只有通过实施整个营销组合才能实现这一目标）。

4. 目标市场

客户分析（社会人口结构，心理分型）。人口统计信息，例如年龄、收入、教育程度等（本主题将在第5章中进行深入讨论）。

5. 时间

该广告系列应何时启动，并且如何与其他营销活动配合？

6. 预算

品牌准备在广告制作、媒体和任何其他服务（如公关或活动）上花多少钱？

机构简报

一旦代理商获得工作，它将把客户的简报转变为内部简报，这很可能将其转变为所谓的"机构简报"，该简报用于内部目的并实际完成工作。它将分为不同部门和员工的任务，包括创意团队（施耐德和彼得·普夫劳姆，2000年）。创意部门和创意总监是负责发明概念和广告活动的人群。创意概念对于当今的品牌而言非常重要，因为这可以使它们与竞争对手形成差异化，并向消费者传达独特的品牌信息。

但是，尽管创意过程对于成功的广告系列非常重要，但对于客户而言，与在各种媒体渠道上展示广告所花费的成本相比，这是"便宜的"。因为媒体渠道的价格可能很高。

超级碗（Supel Bowl）比赛中仅持续30秒的广告就以花费数百万美元而闻名世界。《服饰与美容》杂志每一彩色内页广告收费约200000美元。在黄金九月刊里，通常会包含600多个广告页面（杂志总共900多页），你可以计算出该杂志在一个月内的收入。2013年，《服饰与美容》杂志的广告总收入为4.6亿美元（数据来源于Statista）。对于时尚品牌来说，这意味着只有最成功的品牌才能负担得起在那儿做广告的机会，从而挤掉了很多竞争者。初创企业和小型设计师必须接受在不太吸引人的媒体上做广告，或者利用公共关系在顶级杂志上获得一些社论内容。

简言之，品牌花费在全球范围内的广告和媒体的支出达数十亿美元，预计2017年广告支出和广告量将达到5520亿美元，2017年广告、媒体和营销支出总额超过1万亿美元（GroupM，2016年8月2日）。同样，媒体渠道及其广告空间价值数十亿美元。

考虑到支出，该品牌希望广告产生最大的影响力，这就是为什么需要在正确的媒体渠道、正确的时间和正确的受众群体展示广告。

这是媒体策划部门工作的地方。这个部门可以是代理机构的一部分，也可以是公司内部机构，也可以是单独的部门，其任务是用客户的预算来查找和预订合适的媒体。目标是在正确的时间以正确的信息吸引正确的受众，以产生所需的响应，然后保持在指定的预算范围内。

媒体策划人员会进行各种计算，以找出可以接触到多少个人，平均要接触多少次，使用各种媒体时要花费多少，以及对目标受众会产生多少影响。

新旧沟通渠道

那么，当今可以在哪些媒体平台上做广告呢？

通常，广告渠道分为"BTL"和"ATL"，这是"线下"和"线上"媒体的缩写。根据广告俱乐部（Advertising Club，2011年）的说法，这些术语出现在20世纪50年代，将媒体分为大众媒体和目标媒体。大多数可用的媒体渠道已经使用了数十年，并且非常有效（Manral，2011年）。

ATL通常被描述为常规媒体，例如电视和广播广告、电影院广告、杂志和报纸上的印刷品、广告牌及在线广告（搜索引擎广告）。这种类型的交流针对的是更广泛的受众，不仅针对个人消费者，而且覆盖面很广。

BTL广告更适合个人（或较小但特定的目标群体）并使用不太传统的广告方法，例如POS上的促销、公共关系、直接营销、博览会和贸易展览、赞助、事件营销、产品放置以及最具创新性的沟通形式。例如游击营销、环境营销、社交媒体营销、病毒式营销和蓝牙营销。这可能是一种更便宜但更有效的吸引消费者的方式（图4.1）。

媒体渠道的选择将取决于几个因素，例如品牌要传达的信息和目标客户群/预算和总体目标。它可能会选择使用ATL媒体、BTL媒体或混合使用两者。

以下是品牌传播的创新方法的一些示例。

拥有叛逆青年形象的品牌迪赛（Diesel）通过与流行的成人约会应用程序合作，以典型的挑衅性但又创新的方式使用社交媒体。根据Adweek

线上

目标： 大众群体	媒体 电视广告 电台广告 电影广告 杂志或报纸 广告牌 网络广告

线下

目标： 精准客户	媒体 Pos机旁边的销售人员 公共关系 直销 集市和贸易展览 赞助 事件营销 产品植入 时尚电影 创新交流形式，像游记营销、环境媒体营销、社会媒体影响、病毒式营销、蓝牙营销

图4.1 ATL(线上)和BTL(线下)媒体（作者最初的插图）

的报道，该品牌的创意总监尼克拉·弗米切提（Nicola Formichetti）表示，线上与线下世界已经完全融合，使电子世界"比真实更真实"（Nudd，2016年）。据首席执行官伦佐·罗索（Renzo Rosso）称，在促销活动中，迪赛品牌销售的80%可以归功于使用互联网购物的消费者。此外，罗索在接受《时尚未经过滤》（*Fashion UnfiLtered*）采访时表示，如今的人们在互联网上更容易找到伴侣，而不是在线下找伴侣。"之所以选择这里是因为这就是今天的生活方式"（Zarella，2016年）。

品牌案例：迷你汽车——MINI

以代表生活方式自称的汽车品牌MINI曾利用游击营销来推广其汽车。

2009年，位于阿姆斯特丹的广告代理商JWT制作了一系列巨型纸板礼品盒，圣诞节后，这些礼品盒与大堆垃圾一起被放到阿姆斯特丹的街道上。每个盒子上都有一张大车图，上面印有"迷你·库珀"（MINI COOPER）字样和徽标、条形码和价格为99（未注明货币）。看起来好像有人在这个巨人的盒子里送了迷你·库珀礼物，并把它和包装纸丢掉了。人们很快地把这个装饰的图像和视频放到了网上。

2010年，MINI在赞德沃特（荷兰）的海滩上布置装饰，再次给人们带来了惊喜，并于2011年在比利时的诺克（Knokke）发起了一场运动。其中有一个巨大的酒瓶，里面似乎装着一辆真车大小的MINI汽车在海岸上被冲刷，这些小瓶子遍布荷兰/比利时海岸线（图4.2）。

在此次活动中，MINI与阿姆斯特丹专门研究品牌体验的FEL公司合作，据该机构描述：

> 这正是我们所做的，进行激烈的交流，其思想和理念脱颖而出。利用聪明的创造力，我们希望在相同的预算下获得更多关注。我们希望创建消费者希望参与其中的广告系列。因此，我们最好的广告系列就是那些不涉及媒体预算的广告系列，如MINI案例。对于MINI，我们已经在荷兰担任BTL代理5年（激活、游击营销、社交），偶尔在比利时为MINI工作，我们还为索尼（Sony）、荷兰银行（ABN）、拯救孩子（Save The Children）、耐卡尔曼（Neckermann）和壳牌（Shell）等品牌服务。

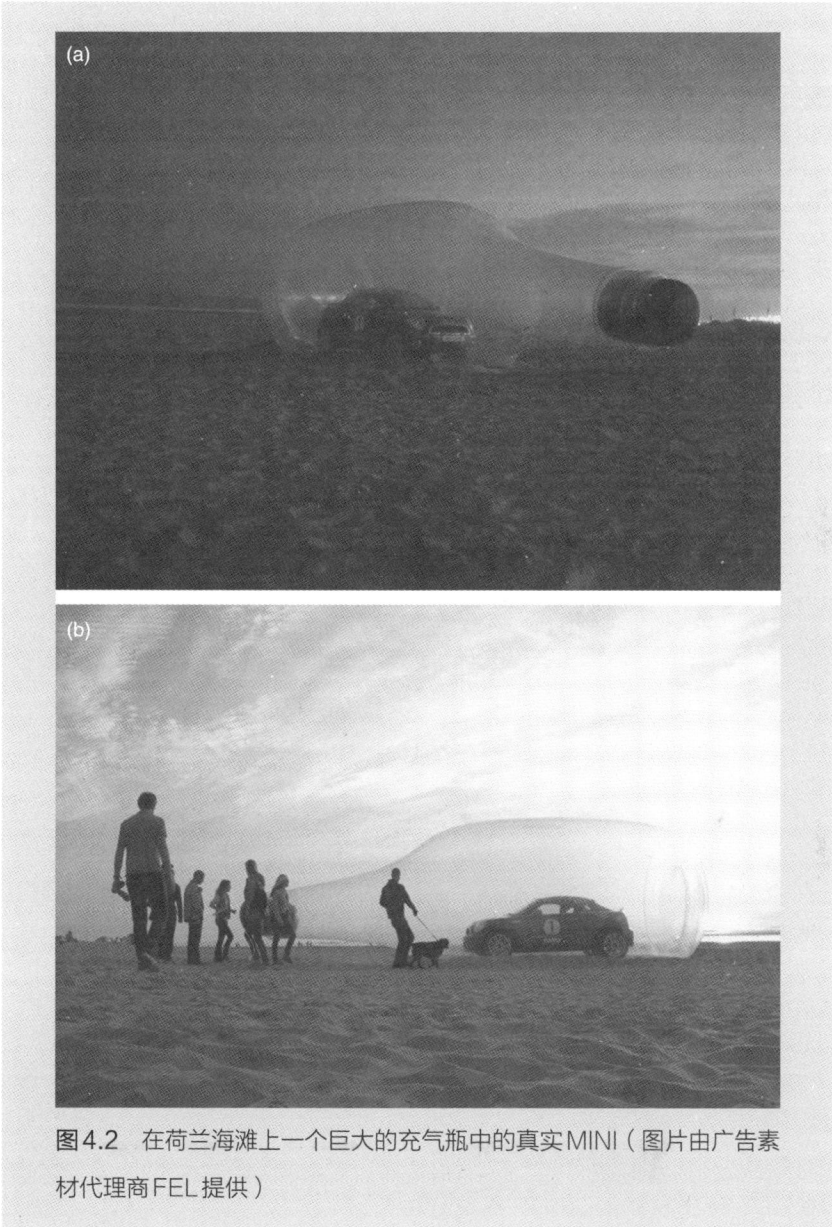

图4.2 在荷兰海滩上一个巨大的充气瓶中的真实MINI（图片由广告素材代理商FEL提供）

根据杰伊·康拉德·莱文森（Jay Conrad Levinson）的说法，游击营销"之所以奏效，是因为它易于理解，易于实施且价格低廉"，这一点，杰伊当然知道，因为他是20世纪80年代发明该术语的人（Levinson，2016年）。

　　而"非常便宜"的价格是多少呢？当我们说出来时，可能与你的心理价位相去甚远。让我们看看哪个ATL和BTL最昂贵？哪些最便宜？

　　大多数媒体会在线发布其广告费用。通过网站找到它可能很棘手，但是如果您使用谷歌的媒体名称和"价目表"或"媒体工具包"（有时是"媒体包"或"媒体数据"）一词，则可以访问该数据。

　　表4.1显示了一些示例，这些示例说明了截至2016年，各个时尚城市，高档印刷媒体、商业广播和数字平台中广告的价格，从非常合理到非常高。

表4.1　截至2016年的广告费用

媒体类型	出售单位示例	成本
电视：NBC	超级碗比赛中的30秒广告	450万美元
电视：时尚电视	时尚电视播出4周30秒的广告，每天播出5个广告位	75000欧元
广告牌：伦敦地铁	在伦敦地铁上的两个星期，48张，"白金"，每包/每个站点的价格	852303英镑
运动中的广告牌	纽约时代广场1年	110万美元和4美元
电台：KKJZLA	1个15秒的广播广告	250美元
报纸：每日电讯报	一张全彩页面（不是第一页）	59000英镑
时装杂志：《服饰与美容》美国版	彩色第四封面	245709美元
补充印刷杂志：《金融时报》的"如何花钱"	中心传播一个双月刊	72000美元
数字：Snapchat	"发现广告"，每日费率	50000美元起（请注意，这是2016年的价格，与2014年的750000美元相比大幅下降）

续表

媒体类型	出售单位示例	成本
数字：Instagram	Instagram上广告曝光量在1000次以上的图片（最低订购金额为200000美元）	35美元
数字：Instagram	每次点击费用	Instagram广告系列中的每次点击（CPC）为20美分至2美元 每千次展示费用（CPM）着重于展示，平均每千位访问者花费约5美元

（1）www.bbc.com/ news/ world- us- canada- 31064972.

（2）Fashion TV rate cards, September 2016.

（3）Exterion Media, "London Underground, DLR & London Tramlink Rate Card 2016", www.exterionmedia.com/ uk/ new- to- outdoor/ prices- and- rate- card.

（4）Adam Hayes, "The High Cost of Advertising in Times Square", *New York Times*, 23.

Feb. 2015, www.investopedia.com/ articles/ investing/ 022315/ high- cost- advertisingtimes-square.asp.

（5）KKJZ media data, October 2016.

（6）*Daily Telegraph*.

（7）American Vogue.

（8）*Financial Times*.

（9）Wallaroomedia, 2016, http:// wallaroomedia.com/ snapchat- advertising- cost.

（10）Ad Age, http:// adage.com/ article/ news/ costs- ad- prices-tv- mobile- billboards/ 297928.

www.bbc.com/ news/ magazine-30113027.

（11）Influence Marketing Hub, https:// influencermarketinghub.com/ how-much-does-itcost-to-advertise-on-instagram.

消费者的信任

根据Statista在2016年进行的研究，每秒钟就有人说他们信任自己签约的电视广告和电子邮件，而其他类型的在线广告的得分要低得多，只有三分之一的消费者信任在线视频或展示广告（但是，该统计数据将导致50%的受众不信任广告）。

消费者对广告的信任在一定程度上反映了在不同广告媒体上投入的资金，而电视仍然是全球最大的广告媒体。美国，作为现代广告实践的起源国，仍然是世界上最大的广告市场。

采访：托尔斯滕·沃伊特（Thorsten Voigt）

托尔斯滕·沃伊特曾在服务计划（Serviceplan）担任过九年多的文案和创意总监，最近转行开始做自由职业者（图4.3）。

问：既然一般的广告代理商都提供360°的服务，品牌是否选择只与一家代理商合作？

答：阿迪达斯、耐克、宝马（BMW）等成功的大型品牌喜欢为每种传播策略选择最佳的代理商。因此，他们的团队会根据不同需求聘请相应的公司，

图4.3　托尔斯滕·沃伊特

比如有负责平面广告的，有担任公关方面的，还有负责数字战略的。在内部，品牌通常具有远见和明智的营销计划，以确保其所有代理机构都能创建符合其远见的概念。但是，较小的品牌可能会选择一站式服务，并且只使用一个代理商来满足其所有沟通需求。

问：品牌如何找到代理商？

答：通过推荐或直接联系最好的代理商（如果他们正在寻找的话）。例如，服务计划在德国享有很高的声誉，并获得最高的创意排名。

问：那会发生什么？

答：客户会要求五到六个代理商为他做广告。通常情况下，品牌不愿支付试稿费用（或少量的广告费用），这可能会使代理商花费数万欧元进行准备。这是因为该机构制定了战略，创建了几乎完整的版式和情节电影来销售该创意。

问：当客户选择您而不是其他人时，下一步是什么？

答：顾问从客户那里听取简报，并制订有关如何吸引目标客户的策略，该策略信息和活动目标将传递给必须开发活动的创意团队。

问：创意团队一般做什么工作呢？谁会参与制作广告系列？

答：通常开展一项活动时，团队由一名高级撰稿人和一名高级艺术总监组成。创意总监要确保他们的作品具有足够的创意，并制订适合的简报和策略。该策略来自从客户那里收到的所有相关信息的顾问。如果您要创建360°策略，还可能会涉及其他在线专家、媒体计划人员等。创意过程本身非常顽强，因为我们得到的第一个想法通常不是最好的，第一个想法是很多人都会想到的。我们寻找的是以前从未做过且独一无二的。有许多想法会被扔进垃圾桶，所以员工们可能会在头脑风暴时加班。

问：您如何知道哪些想法是以前未曾被使用过的？

答：在创意部门，您必须保持最新信息状态，并知道竞争者在做什么。

从某种意义上说，一切都已经完成了，但是重要的是新鲜事物，我们尝试使用新的印象和新的组合来创造出很棒的东西。

问：在创意团队工作需要什么技能？

答：作为美术指导，您需要了解所有图形程序并了解布局，插图画家需要精通绘画，而撰稿人只需要真正精通语言并懂单词。诀窍是用尽可能少的单词来表达观点。

问：媒体策划是如何进行的？

答：可以是内部部门，也可以是与代理机构密切合作的独立公司。该代理商可能会推荐该媒体公司，但最终由客户决定使用哪个媒体公司。他也可能只想要一个创意活动。

问：如果您收到两个竞争品牌的请求，比如耐克和阿迪达斯，他们希望从您的代理商那里进行广告宣传，那会怎样？

答：某些客户会要求您不要与竞争对手合作，而他们希望成为某个细分市场的唯一客户。有些客户如果知道了创意团队与相近竞争对手有合作，则要求其他创意团队在他们账户上工作。这确实取决于品牌。

问：时尚品牌与其他客户有何不同？

答：时尚品牌可以轻松地自主完成所有创意工作，因此可能不需要代理商。他们了解摄影、模型铸造、配件等。但他们可能需要媒体规划方面的帮助。

问：那么经典的广告渠道（所谓的ATL）呢？他们快要消失了吗？

答：这仍然非常重要，但是最终沟通渠道取决于目标客户。年轻人总是与他们的移动设备保持联系，而老年人会阅读杂志或报纸。广告牌和海报可能对每个人都有效，因为当我们外出旅行时，我们会看街头广告。

广告代理和时尚品牌的创意方向

大型时尚品牌公司，尤其是奢侈品领域的公司，通常都有一位著名的创意总监，有时甚至两位。例如华伦天奴的玛丽亚·格雷斯·齐乌里（Maria Grazia Chiuri）和皮埃波洛·皮切利（Pierpaolo Piccioli），一直到2016年之前都不需要依靠代理公司来获取创意想法，因为他们自己的创意总监对品牌的广告、摄影和营销都有一定的见解，而且在这些领域都是很有天赋的。

因此，创意总监可能会参与创建用于推广品牌时尚形象的广泛领域。与许多创意总监一样，卡尔·拉格斐（Karl Lagerfeld）是一位多才多艺的设计师，他精通建筑设计、室内设计，并且懂得出版书籍，从事摄影和其他非常有创意的实践。

对于香奈儿品牌而言，卡尔本人可以调动模特进行拍照，甚至拍摄广告电影。当他有了一个新的缪斯女神时，她会马上出现在其时装秀和产品广告图片中，就像克劳迪娅·希弗（Claudia Schiffer）、蒂尔达·斯文顿（Tilda Swinton）、卡拉·迪瓦伊妮（Cara Delevingne）、布拉德·克罗尼希（Brad Kroenig）、巴蒂斯特·贾比科尼（Baptiste Giabiconi）或更近期的肯达尔·詹纳（Kendall Jenner）一样。

2015年，《观察家报》报道说，肯德尔·詹纳与卡尔著名的猫（Choupette）一起登上了《服饰与美容》9月刊，这组大片是由格蕾丝·科丁顿（Grace Coddington）造型、卡尔·拉格斐亲自拍摄的。

对于马克·雅各布斯（Marc Jacobs）来说，他的缪斯女神是索菲亚·科波拉（Sofia Coppola），她在13年的时间里为他出演过几次广告活动，其中包括香水倾心（Blush）和雏菊（Daisy）。

如果创意总监不亲自拍照，或者没有请具有才华的电影导演来帮忙，那么时装屋将与时装摄影师紧密合作，以制作高质量的图像并传达品牌的愿景。

在时尚品牌（尤其是奢侈品牌）上，通常会在内部制作促销广告和视觉效果，并由创意总监提供品牌整体外观的愿景。他或她可能参与了广告系列的模特制作、造型和摄影，使其与品牌的整体信息保持一致。

　　具有独特创意远景和传统的品牌在创意总监的管理下蓬勃发展。他们的任务是传达独特的创意构想，影响从收藏到品牌传播的所有品牌元素，形成独特的品牌形象。这是时尚品牌的USP，因此创意总监的愿景可能会更好地感觉到哪种类型的视觉传达是合适的。

　　时尚纪录片对时尚品牌的发展产生了巨大影响，从2005年的洛伊克·普里根特（Loic Prigent）在香奈儿拍摄了卡尔·拉格斐著名的猫开始，越来越多的时尚纪录片诞生了。如伊夫·圣罗兰和他的搭档，路易·威登（Louis Vuitton）的马克·雅各布斯（Marc Jacobs）、迪奥（Dior）的拉夫·西蒙斯（Raf Simons）、古驰（Gucci）的弗里达·贾尼尼（Frida Giannini）和华伦天奴（Valentino）以及其他众多创意总监工作努力。纪录片展示了那些最著名的奢侈品牌背后的秘密世界和为品牌暂时工作的天才设计师们，他们有些人因为年龄原因离开，或者被其他品牌所吸引而跳槽。在过去的几年中，奢侈时装业务演变为疯帽匠茶话会（Mad Hatter's tea party），大家都坐在同一张桌子上，却改变了角色。这些越来越频繁的动作被《名利场》《纽约时报》《服饰与美容》和《时尚芭莎》的编辑评为"时尚音乐椅"游戏。

　　当创意总监过世或离开时，这些奢侈品牌面临需要用新的创意想法来重振品牌形象的挑战。

　　例如，在伊夫·圣罗兰的案例中，当赫迪·斯里曼（Hedi Slimane）于1999年接管创意设计时，该品牌进行了180°翻新。他的品牌总部从巴黎搬到了洛杉矶，将外观从浪漫和女性化转变为了邋遢和中性的风格，并引入了运动鞋。广告系列中趋于病态过于瘦削的模特和单色广告都备受争议，但是，他依旧以制作大多数的时装广告系列而闻名，他从来都是自挑选模特、定妆和拍摄照片。

　　但是，引起众多时尚资深人士尖叫的是该品牌的名称从Yves Saint Laurent（YSL）更改为Saint Laurent。一小部分印刷的T恤衫字迹很清楚地写着"没有伊夫（Yves）就没有洛朗（Laurent）"。

　　尽管发生了种种动荡，但他对品牌的新愿景还是取得了商业上的成功，并在很短的时间内为老化的品牌带来了高额利润。

　　2016年，斯里曼离开公司后，安东尼·瓦卡雷罗（Anthony Vaccarello）被任命为新的创意总监，他能做的是必须延续前一任的名声和成功。

迪奥（Dior）、巴尔曼（Balmain）、古驰（Gucci）、拉文（Lanvin）、博柏利（Burberry）、巴黎世家（Balenciaga）和纪梵希（Givenchy）等品牌也有着同样关于身份转换引发的传播影响。

当今时尚媒体面临的挑战

尽管当今的广告使用包括在线广告和社交媒体在内的各种媒体渠道，但是大多数时尚品牌（尤其是在奢侈品领域）仍然使用传统时尚杂志作为广告的主要平台，而且令人惊讶的是，它仍然可以为他们服务。时尚杂志上的广告历史悠久，其历史可以追溯到《时尚芭莎》或《服饰与美容》的第一期。

由于封面和折页价格昂贵，想要确保最佳广告位置，奢侈品牌之间经常存在很多竞争。此外，如果品牌在杂志上花费一定的费用在广告上，那么该品牌也很可能出现在该期的社论中。

当您查看有光泽感杂志的价目表或媒体工具包时，平板电脑和智能手机等数字媒体的价格也会有所上涨，并且该出版物的核心阅读器上的人口统计数据也会有所变化。

电子平台变得越来越重要，而印刷品的重要性却在逐渐下降（图4-4）。

《时尚商业杂志》（*Business of Fashion*）在2016年8月写道，目前

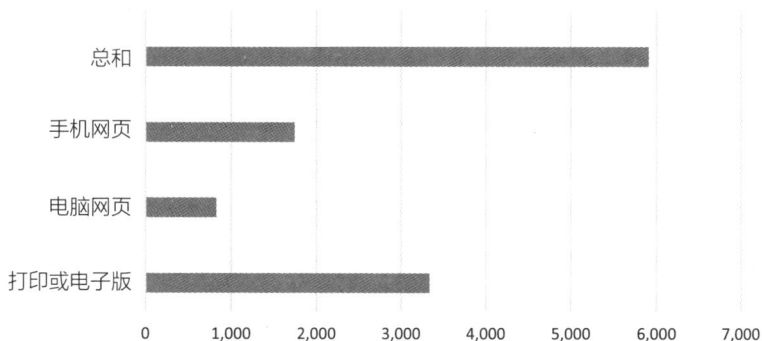

图4.4　统计数据按平台显示了2015年3月美国哈珀集市上的读者数量（该杂志通过移动网络吸引了174万读者；作者插图来自Statista，2016年）

大多数社论内容都是以数字方式消费的，出版社不仅承认而且还将其纳入未来战略。

"确实，赫斯特（Hearst）、康泰纳仕（Conde Nast）和时代公司（Time Inc.）各自宣布了计划，以显著提高其数字化发行量，这意味着削减其印刷杂志的预算"（Hoang，2016年）。

> 尽管有电子商务和移动商务，时尚杂志仍然是时尚广告的经典选择。但是，随着数字媒体越来越受到消费者的欢迎，时装品牌和时装出版物需要紧跟潮流。

所以，时尚印刷杂志的未来是什么呢？它又会如何影响传统的印刷广告呢？

我们来看看广告杂志的平均收入：据Statista统计，从2010年到2015年，《服饰与美容》杂志的广告收入平均每年达到4200万美元。同期，《世界时装之苑》杂志平均每年赚3800万美元（PZ-online，2016年）。

时尚"光鲜"的一种短期反射策略是提高其杂志的价格。这是因为除了广告收入外，杂志的发行量和销量还不算很高。但是，这不能盲目地完成。这些出版物需要分析当前的目标读者并评估哪种平台对应于哪个年龄段读者。通常，Z和Y一代似乎主要在移动设备上消费其时尚社论。这也是时尚广告的发源地。但是，就奢侈品时尚而言，按年龄和年代的划分已经结束，这在麦肯锡和阿尔塔格玛（Alkamma）于2015年所做的一项最新研究中得到了揭示。年龄较大的奢侈品消费者也喜欢使用相同的数字和移动平台（Remy, Catena, Durand-Servoingt，2015年）或转向数字平台广告可能会有利可图，因为它涉及许多年龄段和许多潜在读者。

纵观Instagram、Snapchat、微信和YouTube等平台以及其他全球使用的应用程序，仍有空间放置社论和广告，可以链接回印刷版本的广泛版本，从而结束发布和广告循环。

有趣且具有挑战性的元素是，数字平台的受欢迎程度起伏很大，并且变化迅速，有些坚定的时尚杂志（至今）可能还不习惯，因为它们几十年未曾改变过。借助数字平台，它们可以在数年或数月之内变换风格，它们的受欢迎程度可能因国家/地区而异，并且在不同年龄段的人群中都很受欢迎。传统时尚杂志的新挑战是要跟上数字内容及其受众不断变化的本质，为此，他们必须投资于新人才，即在这些平台上成长的数字原生代。直到最近，这些平台的一些销售团队可能更老，而不是数字原住民，因此，成功聘用年轻人作为其团队的一部分并"培训"老一代至关重要。

如果品牌不想雇用数字原住民，则可以与媒体代理商合作，后者可以帮助品牌明确定义正确的渠道以吸引目标客户。这种类型的代理机构将确保广告信息发挥最大的潜力。它仅专注于通过使用最合适的媒体渠道将品牌的信息和内容传达给目标受众。此外，代理商可以直接与渠道提供商和平台协商价格并预定空位或空间。

以下采访显示了该机构所做工作的一些见解。

采访：德国知名媒体代理公司

问：您的公司有多大的规模呢？

答：我们拥有庞大的国际代理商网络，约80000名员工。

问：您如何总结向客户提供的服务？

答：我们在所有媒体活动方面为客户提供全面的支持。简而言之，我们确保客户的产品（或服务）及其广告系列能够在正确的位置和正确的时间到达潜在客户。我们通过分析和定义合适的目标群体，分析和解释整个市场以及客户的特定竞争对手。我们制订确切的策略来确定产品或服务的市场营销方式，代表客户不断领导整个营销活动管理，并优化投资回报率等。我们始终站在客户的一边，并不断在各种媒体上向他们咨询。

问：您与多少个客户一起工作？

答：总体而言，我们的代理机构与150多个不同的客户打交道。

问：您有来自时尚界的客户吗？与他们合作时有什么不同吗？

答：是的，我们有时尚和配饰奢侈品牌以及在线零售商。与时尚客户合作时，必须接受新趋势，并在出现新趋势时迅速"跳入潮流"，以在竞争激烈的市场中保持领先地位。此外，社交媒体是一个非常重要的主题，尤其是脸书（Facebook）或照片墙（Instagram），因为它吸引了目标市场并为他们带来了便利。

问：您是与广告公司合作还是直接与各个公司的市场营销和传播部门合作？

答：我们直接与公司和品牌的营销和传播部门合作，不断交换意见和制订联合计划。

作为媒体代理机构，我们负责实现媒体策略并管理广告系列。有时我们会与其他机构建立联系，但是这些机构是PR机构或创意机构。由于我们负责产品的媒体性能，因此我们的工作可能会涉及公关活动，这就是为什么我们也不断与公关公司交流。创意代理商也是如此，因为我们必须了解创意工作才能评估哪些渠道可能最有效。

问：最近几年媒体喜好有变化吗？

答：是的，有很大的变化！电视仍然是一种流行的媒体，在商业领域具有很高的影响力。但是，今天有很多流媒体播放，主要是因为人们工作更多，出差在外并且很少有时间观看经典电视。这意味着越来越多地使用在线视频或点播视频，这是一个强烈的趋势，因为它为您随时随地观看自己喜欢的节目提供了更多灵活性和更多选择。此外，由于与传统电视相比，流媒体播放的广告要短得多，因此对消费者来说，更令人愉悦。

此外，全球数字化扮演着越来越重要的角色。每个人无处不在，始终在线，不断留下数据并同时进行跟踪。这意味着，在竞争激烈的数字世界市场中，许多品牌和产品必须利用精确目标导向和"吸引人"的广告信息来彼此对抗。

即使发布广告信息的可能性很多，也必须在正确的环境中传播正确的信息，否则，它不会激励任何人进行购买或消费，而是被认为"烦人"和"具有破坏性"，并增强了消费者的负面印象。

考虑到数字化，不应低估社交媒体的功能及其当前的作用。这正是许多消费者在闲暇时间所处的虚拟地方。在闲暇时光，他们会放松身心，更容易接受各种广告信息。在这里，可以通过合适的报价甚至产品信息来与他们取得非常好的联系。在这里，更容易喜欢一个页面，将其重定向到另一个网站或以其他方式与产品交互。

特别是在这方面，所谓的"程序化广告"在实时购买和出售广告空间的地方变得越来越重要。通过预先分析其在线冲浪行为，可以提供特定的定位目标（品牌直接购买媒体）并达到最适合的消费者的可能性。消费者在正确的时间、正确的环境中接收正确的广告消息。

道德考量

对于广告和媒体代理公司来说，什么道德品质是需要他们思考的呢？

如果您回顾针对性广告和营销的历史，任何品牌和任何产品都能被接受，其主要目标是发起成功的活动。对某些女性（包括20世纪中叶的广告所展示的孕妇）出售香烟、酒精和不健康食品、减肥产品、价格过高的时装和化妆品以及确实不符合社会环境甚至行为规范、法律法规标准的产品，道德营销人员必须仔细检查产品和公司，并确定是否值得推广。因为这种推广自然可以吸引数百、数千甚至数百万人，公司的选择影响观众，所以他们必须谨慎处理。

有几家广告代理商对自己的道德行为持坚定立场。例如，Plant是一个总部设在英国伦敦并自称具有道德和社会意识的机构，该机构专注于社会变革、慈善事业、非政府组织以及可持续企业和产品。他们的信条是每天做出与他们的道德影响有关的最佳决定。

此外，广告道德研究所（IAE）的目标是"激发广告、公共关系和市场传播专业人士在创建和向消费者分发商业信息时实践最高的个人道德"。

IAE建立在八项原则和实践的基础之上，这些原则和实践传达了所有形式的传播应基于的内容，包括广告、公共关系、市场传播、新闻和社论。

这些原则包括日常工作中的真理和道德标准，遵守法律，明确标识博客作者所赞助的内容（相对于博客作者自己的意见）以及应对社会弱势群体（如儿童）时的特殊预防措施。八项原则可以说是任何营销专业人士最重要的原则："……创建广告的团队成员应被允许在内部表达其道德关注"（Snyder，2011年）。

讨论道德问题是在营销公司内部建立知名度的第一步，然后合乎逻辑的第二步是将最佳实践整合到项目中。

延伸阅读

Bartlett, D. (2013) Fashion Media: Past and Present. London: Bloomsbury Academic.

Diamond, J. (2015) Retail Advertising and Promotion. New York: Fairchild.

Fennis, B. M. and Stroebe, W. (2010) The Psychology of Advertising. Abingdon, UK: Psychology Press.

Keaney, M. (2007) Fashion & Advertising. (World's Top Photographers Workshops). Mies:RotoVision.

Kelley, L. D., Jugenheimer, D. W. and Sheehan, K. (2015) Advertising Media Planning: A Brand Management Approach. 4th edn. New York: Routledge.

Lane, W. R., Whitehill Kink, K. and Russel, T. J. (2008) Kleppner's Advertising Procedure. 17th edn. New Jersey: Pearson Prentice Hall.

Lea- Greenwood, G. (2012) Fashion Marketing Communications. John Wiley & Sons.

Moore, G. (2012) Basics Fashion Management: Fashion Promotion 02: Building a Brand Through Marketing and Communication. London: Bloomsbury Publishing.

Matharu, S. (2011) Advertising Fashion Brands to the UK Ethnic Market: How Ethnic Models Influence Ethnic Consumer Purchase Behaviour. Verlag, Germany: VDM.

Snyder, W. S. (2001) Principles and Practices for Advertising Ethics. Institute for Advertising Ethics. Available at: www.aaf.org/ PDF/ AAF%20Website%20Content/ 513_ Ethics/IAE_ Principles_ Practices.pdf.

Tungate, M. (2007) Adland: A Global History of Advertising. London: Kogan Page.

广告信息、网址及来源：

Advertising Age. https:// adage.com.

Ad Asia Online. www.adasiaonline.com.

Adweek. www.adweek.vom.

Branding in Asia. https:// brandinginasia.com.

Campaign Asia. www.campaignasia.com.

Campaign. www.camaignlive.co.uk.

Digiday. https:// digiday.com.

The Drum. www.thedrum.com.

MediaPost. www.mediapost.com.

社交媒体、博客和思想领袖：

谁在引导你的意见？

5

章节主题

- 意见领袖（KOL）的通常含义   81
- 理解博客对时尚品牌的影响   83
- 采访：博主纳瓦兹·巴特里瓦拉［Navaz Batliwalla，
  又名迪士尼滚筒女孩（Disneyrollergirl）］   86
- 名人代言能为一个时尚品牌做些什么   92
- 如何在名人和消费者之间建立品牌   93
- 品牌案例：托德斯——曾经历生不如死（Tod's or the living dead）   94
- 道德考量   96
- 延伸阅读   96

意见领袖（KOL）的通常含义

两步交流（Two-Steps Flow of Communication）

1944年出现的"两步交流"假设是保罗·拉扎斯菲尔德（Paul Lazarsfeld），伯纳德·贝雷尔森（Bernard Berelson）和海泽尔·高迪特（Hazel Gaudet）的超前创意，其目的是研究什么影响了人民在政治活动中的投票。这项研究显示了出乎意料的结果，它发现对人们最大的影响并不是广播和报纸，而是个人之间和非正式场景下的接触。基于这些发现，卡茨和拉扎斯菲尔德开发了两步法大众传播理论，该理论至今仍在不断迭代并被广泛使用。

顾名思义，该理论仅基于信息流的两个步骤：首先，来自广大媒体的信息将到达意见领袖，他们是人们追逐与欣赏的对象。然后，意见领袖会将这些信息与相关人群分享（特温特大学，2017年）。

这种模式最早是在20世纪40年代开发的（再次如前几章所述，是美国营销创新的黄金时代），但在21世纪博客兴起的时候，这种模式仍然适用。首先通过影响意见领袖，预先计算他们如何分配信息，这能一定程度地实现群众反应（图5.1、图5.2）。

博客基本上以相同的方式工作：首先一个博客拥有了追随者，该博客作者将收到品牌赞助的商品和信息。然后以真实的个人风格在博客媒体渠道上进行展示。这些信息会到达博客的关注者，他们的意见会引起众多关注者的意见。

今天唯一的变化是追随者之间相互交流的发展，增强了传播的信息。

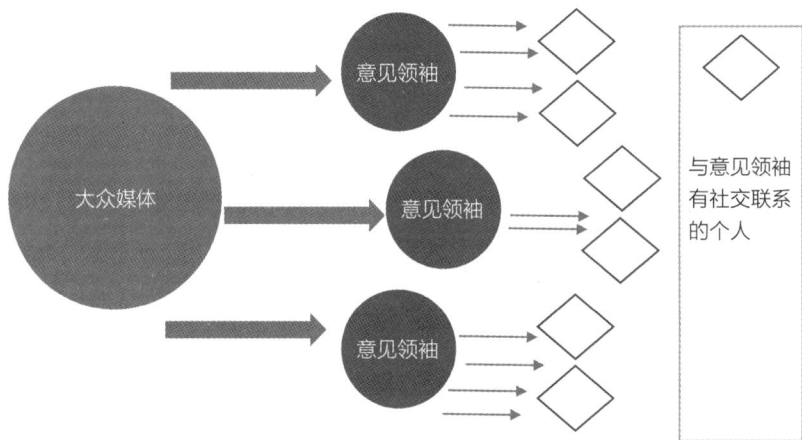

图5.1 两步通信模型（作者自己对拉扎斯菲尔德的原作解释）

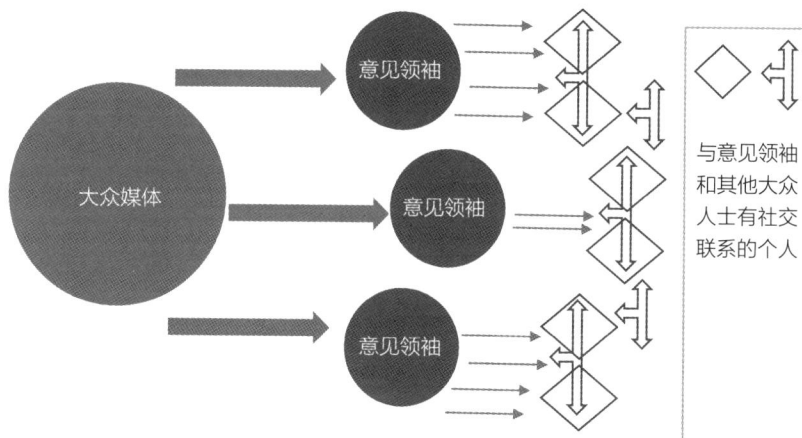

图5.2 现已应用的两步通信模型（作者根据拉扎斯菲尔德的原著所做的解释）

拉扎斯菲尔德在20世纪40年代提出的两步流动模型，今天仍可以用来证明意见领袖如何将信息传达给追随者，从而将其传播到非常特定的人群。

对于品牌来说，不一定非要将信息广泛传播给所有人，关键是寻找能够将信息传达给积极响应群众的意见领袖。

理解博客对时尚品牌的影响

在2016/2017年度，博客已经拥有10多年的历史，并且拥有自己的历史。它始于一本私人日记，既不是你的日记也不是秘密，因为它的目的是让所有人阅读和评论。对于读者而言，它每天提供24小时访问，并且不受位置限制。

在千禧年的头几年，人们开始建立个人风格的博客并在上面展示时尚。最早这样做的人之一是如今著名的斯科特·舒曼（Scott Schuman），他的博客中有《平民街拍》（*The Sartorialist*）。舒曼（2005年）在他的传记中说，他"开始成为《裁缝主义者》（*Industry Blogger*），其思想是就时尚界及其与日常生活的关系进行双向对话"。他发布了时尚人士街拍，与世界分享了他的创作生活以及时尚观点。

舒曼将被视为"行业博客"，这意味着他是具有行业背景的专家，无论是时尚新闻、设计、造型还是类似行业，特别是他还拥有服装销售和摄影学位。

另一类博客作者通常称为"公民博客"。根据格温妮丝·摩尔（Gwyneth Moore，2012年）的说法，这类人是"时尚的热情消费者"，与追随者分享他们的生活方式和衣着习惯、风格和意见。

在第一个博客出现大约十年后的2016年，成千上万的成功和高收入博客作者成为我们数字化场景的重要组成部分。

马克·布里格斯（Mark·Briggs）写道，与新闻工作者不同，博客作者在撰写内容，与谁交谈以及与他人链接文章时享有更大的自由。他们可能从基层开始，但随着更多人阅读他们的博客，他们将达到一个引爆点，之后观众将彻底地接受他们。这是表明博客何时真正成功（并获利）的基准（Briggs，2016年）。

博客的力量是如此明显，以至于即使是经典的印刷媒体也纷纷诉诸其网站上开设自己的博客，例如2014年，《服饰与美容》从《国际先驱论坛报》（*The International Herald Tribune*）挖走了苏兹·门克斯（Suzy Menkes）（横跨25年），成为自己博客的编辑。

同样，正如2016年对轨道媒体（Orbit media）进行的一项调查显示，大约18%的私人博客在发布前先寻求专业编辑的帮助，约50%的人在发布之前请别人仔细查看该帖子（Crestodina，2018年）。

博客已成为一个利润丰厚的业务部门，并且经常需要一个拥有运行博客的员工的办公室。很少有人在自己一生中目睹一种全新的职业的出现，尤其是在时装界。

那么，博主对时尚品牌的兴趣到底有多大？以下是时尚品牌在与博客作者开展业务时可能正在寻找的特征和业务选择的最佳案例列表：

- 时尚博主X与当前趋势保持一致，他的帖子与受众高度相关。
- X是真实的，被视为时尚的权威。
- 帖子的内容具有很强的视觉效果（照片/视频），这在时尚方面非常重要，它必须是原创和有创意的。
- 内容翔实，因此可以传达品牌信息。
- X具有良好的写作风格，并且是讲故事的优秀交流者（包括语

　　法和拼写)。

- X很高兴直接报告时装活动，甚至是直播。
- X的博客文章可以与品牌的其他重要营销活动（例如开业、展览、产品发布等）同步进行。
- X有成千上万的追随者，而他们非常适合该品牌。
- 在年龄、性别、收入、时尚偏好、购物习惯等方面，追随者是时尚品牌的正确目标人群。
- 追随者会对博客的内容做出反应，因此可以期望很高的参与度。
- X不会促进竞争品牌，或者X会促进竞争品牌，但以这种方式会有很小的概率失去追随者。
- 博客作者活跃在博客、YouTube、Instagram、Twitter等不同平台上。该品牌可以选择在多个平台或最强大的平台上发布广告系列。

与博客作者合作可获得的品牌回报：

- 参与度。
- 更广阔的市场。
- 可计量的人群浏览量。
- 针对可能对信息做出积极回应的消费者。
- 产品或服务购买的潜在增加。

　　如果品牌和博客作者是合适的人选，那么博客作者的收入就是可观的。2011年，《平民街拍》在《谈话》(The Talks) 的一次有争议的采访中表示，美国服饰（ American Apparel ）在他的网站上购买了一年的广告空间，在2010年下半年购买了颇特女士网站（ Net-a-Porter ）：

　　　　因此，仅这两个广告就占了一百万美元的很大一部分，超过25万美元，不到50万美元……我的受众群体比其他所有人都大得多，至少美国服装公司告诉我，我不在他们的互联网预算之内。我的订单太大了，他们必须付出更多，实际上我在他们的杂志预算中。这是因为我们拥有大量的受众群体。

有趣的是，这种说法在时尚界引起了轰动，在其他博客和网站上被多次引用。但是，访谈的原始发布者不再将其发布在他们的网站上（Oystermag，2011年）。

关于社交媒体如何真正起作用或为什么如此起作用的研究仍在发展。但是有人说，在社交媒体上进行搜索、查找、共享、评论和自我展示已深深植根于我们的原始本能中，并与奖励感相关。"多巴胺受到不可预测性、少量信息和奖励线索的刺激，这几乎是社交媒体的确切条件。多巴胺的吸引力如此之大，以至于研究表明，人们对烟酒的控制力远远超于对在推特上面发推文的控制力。"（ https://blog. bufferapp. com/psychology-of-social-media ）

在不久的将来，人们很可能对社交媒体现象进行更多的心理和行为研究，包括有害或不道德的影响。

采访：博主纳瓦兹·巴特里瓦拉 [Navaz Batliwalla，又名迪士尼滚筒女孩（ Disneyrollergirl ）]

图5.3　博主纳瓦兹·巴特里瓦拉 [经博主纳瓦兹·巴特里瓦拉和艾玛·米兰达·摩尔（ Emma Miranda Moore ）的友好许可]

问：我相信您已经接受过专业培训，并且拥有时尚行业背景，您能告诉我有关这件事更多内容吗？

答：我的背景不是设计，而是时尚媒体。我从事印刷和数字出版工作超过20年，包括担任《时尚女孩》（*Cosmo GIRL*）的时尚总监！以及印度版《红秀》（*Grazia India*）的时装编辑。1999年，当我还是一名自由设计师时，有人联系我为一个女性在线出版物（名为Handbag.com由电报媒体和后来的赫斯特拥有）提供了时尚建议专栏和文章。我也为他们的论坛做出了贡献，我感到非常高兴，因为我认为这使我对消费者有了更深入的了解。对我而言，论坛几乎是社交媒体的先驱。

问：您认为拥有这样的背景对成为一名成功的时尚影响者至关重要吗？或者您说那些没有经过正规培训的人也是如此？

答："时尚影响者"的专业如此广泛和新颖，很难回答这个问题。如果你正在撰写内容丰富的博客，并希望访问某些品牌的工作室、设计工作室或业务决策者，那么有助于获得一定的信誉和专业水平。对于奢侈品牌来说，数字化影响者的世界仍然鲜为人知，因此他们更愿意坚持自己所知道的，即刊登记者或具有可靠资格的人的文章。对我而言，建立这些牢固的关系意味着我已经拥有"访问权"和一定程度的信任。

另外，如果你在Instagram上发布主题为你自己而不是品牌的服装图片，则无需具备时尚行业背景。话虽如此，任何经商经验都是有益的，时装业有许多潜规则。当然，现在博主们都拥有代理商或经纪人，了解业务、合法性、谈判以及行业的来龙去脉是巨大的优势。

问：您成为时尚潮流人士已有多少年了，这是您现在的全职工作和职业吗？

答：我已经在Disneyrollergirl.net的博客上工作了九年。我将其与自由撰稿和咨询结合在一起，这意味着尽管博客能够带来收入，但我并不拘泥于此，也无需利用每一个机会获利。更挑剔会增加我的信誉和价值。

问：您每周需要花多少时间参加社交媒体活动？

答：可悲的是，我是一个单身团体，所以对我的社交媒体来说，我的工作是7×24，虽然如此，作为时尚作家，这也保持了我的原创。

问：这么多年后，哪个渠道最适合您，为什么？

答：推特（Twitter）是我获取信息的最佳渠道，而且关注量最多，但Instagram更适合直接与读者互动。

问：您是否使用工具或平台来管理所有社交媒体账户？（Crowdbooster, Socia Flow, Tweepi等）

答：不，我都亲力亲为。

问：扎根于大型时尚之都，如伦敦，有多重要？

答：对于我的工作而言，这是至关重要的。它给了我创造性的刺激，也使我能够创建视觉上有趣的内容。与公关人员建立连接并保持关系是我所做工作的重要组成部分，必须在伦敦进行。

问：您的USP是什么？或者您与其他博主相比的竞争力是什么？

答：我是一位公认的"时尚内幕人士"，并且从事该行业已经很长时间了。我是从有见识的新闻工作者的角度撰写文章的，所以该博客不是关于我自己的，而是我对时尚、行业、零售以及这些新兴领域的观察。因此，诸如美甲兴起、男士美容、新兴市场、入门级精细珠宝、中性时尚、社交媒体、内容和商业、奢侈品、3D打印、角色扮演和全渠道零售等主题早已被我涵盖。一旦他们开始渗入主流，我将继续探索其他新兴领域。

问：您是否关闭过手机、计算机，忽略所有消息并出去散步了？

答：当然。

问：时尚品牌是如何接触到您的？

答：前三年，我的博客并没有电子邮件地址。最终，我决定放一个在上面，这样我就不会错过任何商业机会。当时我是匿名的，但后来决定"公开"。品牌会通过电子邮件邀请我参加新闻发布会、时装秀或咖啡会议以了解我的工作情况。其实我已经与许多品牌有联系，所以他们会觉得我是一个给他们带去安全感的博主。

问：如果可能，请说出您曾经工作过的一些品牌。

答：克洛伊、迪奥、李维斯、摩纳哥俱乐部、香奈儿、史密森。

问：关于品牌想要找到博主/网红来合作，你有什么看法？作为博主，你对他们有什么经验分享？

答：最好与最熟悉的品牌合作，期望你对其品牌/行业/产品有真正的兴趣，并拥有真实的观点。一般的品牌仅期望获得大量点击和销售，也总是会提出不太切合实际的期望（即，他们不研究博主来确定什么样的内容更为合适）。我更愿意与品牌长期合作，而不是开展一次性活动。这样，我就可以多花一些时间去了解品牌并创建对我们俩都有效的持久内容。我必须考虑我所有的渠道，包括社交媒体和Pinterest，以确保内容具有最佳的覆盖面。通常，品牌只在乎一些特别用户，这是目光非常短浅的行为。

问：一般与您合作的是品牌的营销团队、公关团队还是广告团队？

答：一般是销售和公关的结合，他们通常是在第一时间联系我的经纪人。

问：品牌对他们想要传达什么以及如何做到有清晰的愿景吗？

答：是的，在这一点上他们表现得也越来越好。

问：品牌在创造力和使用渠道方面给了您多少自由？

答：这有所不同。最高端的品牌给我最大的自由，他们需要时间来建立持久的关系，并确保品牌和产品是合适的，我经常会带着想法去找他们，主流的品牌往往是自动售货机。"我们需要这么多的眼球，我们有这么多的预算，我们让十个博客作者来做同样的广告系列，这就是标签"。这是一种笼统的方法，而且不太有趣。相较于管理十个非常不同的单个广告系列，使用这种方法管理起来更容易，即使采用量身定制的方法可能对单个受众更具吸引力。

问：博主已变成一种全新的职业，一些成功的博主需要雇用整个团队，包括摄影师、数字艺术家等。您雇用"帮手"还是自己做？

答：如果是全职工作，那么自己做是不可持续和发展的。但如果要进行协作，则需要与摄影师和模特一起工作。我有一个技术人员会不时地在后端给我提供帮助，在理想的情况下，你将有能力为持续的技术服务付费。但是显然，想要做好网页设计、社交媒体、在会会员服务等方面都要有所发展。我确实有代理商来帮助进行谈判和一些生产工作，但他们并不总是有人力出去寻找新客户。因此，我必须自己进行一些个人品牌和关系建立的工作，这很耗时。在我目前的阶段，理想的情况是聘请一名可以培训的助理，以便他们可以帮助我解决从创意到业务的所有内容。

问：基于博主所传达的图像，人们对他们的生活有一个固有印象：在五星级酒店睡觉醒来，美好的早餐被送到床上，懒洋洋地起来后，穿上一身的名牌，戴着时尚亮眼的眼镜，坐着已安排好司机的专车前往品牌活动现场……请告诉我们现实情况是怎样的，快叫醒我们！

答：现实当然不是这样。人们需要理解，与所有创意产业一样，上述情况可能是0.01%的现实，与其他时尚工作一样，我们都在描绘着一种幻想。为什么？因为时尚的幻想是我们付账的原因。现实情况则是每个博客帖子都需要花费大约四个小时（搜索、编写、编辑、编码、拍摄/编辑/调整大小/为图像加标签），然后通过社交媒体进行发布，与关注者/评论者互动，每天回复多达250封电子邮件，管理那些不请自来的公关对您是否可以参加活动或是开店等"支持品牌"的期望，并与时俱进地与每个新平台保持同步，同时，需要确保每次参加活动时自己的穿着都是那些品牌，以防被拍照或拍成电影。我经常会一直工作到没有电子邮件进来，这时候我做事情会变得更有效率。有的时候，我也很期望参加一个朝九晚五的会议，做做像前台一样简单的工作。当然，这只是聊聊而已。创建时尚发布或内容拍摄确实需要进行大量的前期工作、后期制作和无休止的社交媒体推广。同时，你们想不到的与之相关的艰苦、单调又无趣的部分也有很多。

问：在您看来，写博客或成为社交媒体有影响力的人是广告还是公共关系？还是基于广告的新闻业？

答：在获利的层面上，这是所有四种的组合。这应该是一个平衡，我认为，当广告和商业方面使其他所有方面都黯然失色时，您就会遇到问题。读者感到无聊，您的内容就毫无意义。

问：当您刚开始时，有没有任何博主曾启发过您？现在您仰望谁呢？

答：早期我仰望的大多数博主都已经不在了。我不能确定我对他们的敬意是来自对他们的写作能力还是某种气质的欣赏。我很欣赏《裁缝》的摄影作品，我敬佩他保持正直，也敬佩加兰斯·多雷（Garance Doré）保持独特的语调和视觉形象。我不会说我是"仰望"他们，而是尊重，是敬佩。

问：如果您完成所有博客后会做些什么呢？有很多博主变成设计师，还有一些（比如您）出版了正式的图书。基于个人的青春和美丽的博客不会永远存在，在接下来的10~20年里，您会在这个行业中做些什么？

答：没有人说博客曾经或应该是关于个人的青春和美丽的，尽管从商业角度看，博客非常现实。但我认为，随着新潮流的到来，它已经变得饱和，大家都想要名气和实现自我，而不是因为他们有话要说。一旦他们意识到没有长远的收获，这波浪潮就会消退。我觉得作为职业，博客将很快受到监管，然后可能会失去魅力。因此，在某个时候，作为一个行业，博客和传统的在线媒体将会融合在一起，具有完整性的博客将不会商业化，但我将继续作为一个热爱博客的博主而存在。

问：是什么促使您继续前进？您对博主的未来有何展望？

答：我很少会想象我的未来。我的目标是维持自由的职业时尚编辑和创意顾问的生活，无论是纸媒，在线还是广告/营销，都要保持具有我个人观点的通路，有可能它是写作，也可能是活动影像（在不久的将来），甚至是虚拟现实广播。我更乐于在幕后创作内容，什么媒体并不重要。在这方面，促使我前进的是对时尚、行业、创造力以及对变化的观察和分析的深刻热爱，但是我非常珍视作为时尚内部人员的访问权限，因此，我的志向是维持这种状态。

名人代言能为一个时尚品牌做些什么

如第2章所述，成为意见领袖的做法并不新鲜。政治领导人包括伊丽莎白女王一世，拿破仑和维多利亚女王（仅举几例），他们从战略上塑造和影响了他们的人民（追随者）对于时尚的见解。实际上，与皇家"名人"有亲戚关系，对于那个时代的商人和工匠来说，是一种了不起的营销手段。可普和马洛尼（Cope and Maloney, 2016年）认为，皇家认证于12世纪在英国首次推出，是帮助高技能工匠发展业务的一种方式。其中包括可能直到今天为止仍具有授权的裁缝、补鞋匠和造型师。

在19世纪的法国，欧仁妮皇后（Empress Eugenie）是一位狂热的时尚领袖，并且非常支持她的女装设计师查尔斯·弗雷德里克·沃思，据说他是第一位在他华美的作品上印上自己名字（也就是品牌）的设计师。即使在今天，与皇室成员建立关联也是设计师和品牌所追求的目标。例如，伊丽莎白·伊曼纽尔（Elizabeth Emanuel）和她的丈夫在设计了戴安娜王妃的婚纱后便一举成名。几十年后，剑桥公爵夫人凯特（Kate）亲自成为舆论领导者和时尚名人，通过穿着英国设计师的作品来推动他们的创作，当她穿着英国的高街品牌出现的时候，这些连衣裙在商店和网上立即售罄，以至于被称为"凯特效应"。

现在看看除了皇室，还有谁可以被当作是21世纪的明星？有名的演员或运动员？歌手？电视真人秀，科学家或活动家？或是一个偶像级设计师，另一个品牌或模特？由于当今时尚的需要，可以是其中任一个或更多个，但必须有一个共同基准。

在这种情况下，对于品牌具有吸引力的名人有三个共同点：他们很容易被辨认，并且拥有数百万粉丝，还喜欢与品牌合作。公众人物可以同时作为广告和公关传播策略。这就是公关部门为什么尝试向名人提供礼物或在红毯上为他们提供炫目服装的原因，这能够确保他们的产品得到人们的关注和谈论。

在广告方面，名人会出现在系列活动中，并会积极认可品牌。

如何在名人和消费者之间建立品牌

心理研究（Amos，Holmes & Strutton，2008年）显示，名人对消费者产生了显著而积极的影响，从而使品牌受益。

（1）消费者希望能模仿名人。

（2）消费者相信名人的公信力。

（3）消费者对于有明星代言的广告有着更加清晰的记忆。

（4）消费者将名人的正面特质与产品相关联（但当事与愿违时，他们还将负面特质与产品相关联）。

时尚品牌对什么样的名人抱有兴趣呢？以下是时尚品牌想要与名人开展业务时可能会寻找的特征：

名人的职业生涯

公众人物是否在他的职业生涯有非凡的成就？

名人丑闻

名人是否参与过任何引起负面新闻的丑闻？ 如果是这样，消费者可能会将广告产品与名人的负面影响联系起来。

名人声誉

消费者会信任公众人物作为特定产品的意见领袖吗？

名人权利

公众人物是这个领域的意见领袖或专家吗？

名人形象

我们的世界总是对美的东西抱有兴趣，所以重要的一点是，公众人物对于目标客户应具有吸引力。

名人认可

消费者是否认识此公众人物？

名人/产品印象

公众人物是否对应此商品的外形以及作用？他们是否能引起共鸣？

名人代言组合

名人是否认可其他品牌？如果是这样，他们会成为竞争对手吗？名人是否认可太多品牌，以致影响不大？

这是一个基本的兼容性模型（图5.4），可以帮助建立协作的完美匹配：

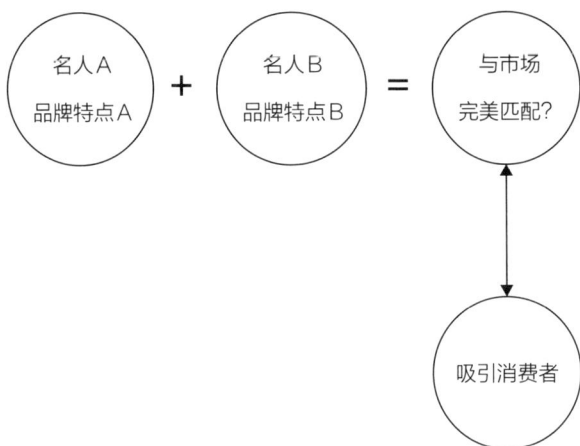

图5.4　名人和品牌的兼容性模型（作者原图）

品牌案例：托德斯——曾经历生不如死（Tod's or the living dead）

使用已经去世很久的名人作为代言人是品牌广告中一种有趣的方式。这样的案例中使用过的明星包括玛丽莲·梦露（Marilyn Monroe）、奥黛丽·赫本（Audrey Hepburn）、弗兰克·辛纳屈（Frank Sinatra）或爱因斯坦

（Einstein）等著名的偶像和电影明星。

这样的选择对品牌有什么好处呢？虽然他们已经去世，但是全球的消费者仍会认为他们是明星人物，并且在长久以来依旧有人终其一生模仿这些传奇巨星。另外呢，这些名人去世前的成就映射到产品上，让品牌和明星本身一样散发出积极的光环，所有这些积极影响都是在代言过程中一键触发的。

托德斯（Tod's）这个品牌在20世纪90年代就曾采用这种代言方式：他们的印刷广告系列选用了奥黛丽·赫本、肯尼迪（Kennedys）和格蕾丝·凯利（Grace Kelly）为品牌形象。名人以黑白原始照片显示，位于该照片页面底部有一双托德斯便鞋——乐福鞋（loafers）的图片，于是，消费者相信这些名人都穿着托德斯的乐福鞋。

但是，在这些照片中只有赫本和格蕾丝·凯利穿着鞋，而肯尼迪干脆就是赤脚，但这根本不是问题。关键是时间问题，可能只有知道托德斯成立于1978年的人才会发现，这个时间点与名人照片有一点错位的感觉。奥黛丽·赫本的照片出自1957年的电影《有趣的脸》，约翰·肯尼迪一直活到1963年，而格蕾丝·凯利的照片则出自20世纪50年代电影《捉住小偷》中的宣传照。换句话说，这些名人在他们的一生中都不会穿过托德斯的乐福鞋，而照片中名人所穿的便鞋当然来自其他品牌。实际上，奥黛丽·赫本在《甜姐儿》（*Funny Face*）中穿着萨尔瓦多·菲拉格慕（Salvatore Ferragamo）的乐福鞋，格蕾丝·凯利穿着G.H.巴斯公司（G.H.Bass & Co.）于1936年首次进入美国市场的"Weejuns Penny"乐福鞋。

在这种情况下，名人在未经他或她同意的情况下认可了产品，并导致公众相信该品牌是他们真正佩戴的。是否合法？如果他们在法律层面做得周全的话，应该是可以的。

但是，这是一件不容易的事情，根据《广告时代》的说法，"与已经去世的名人形象或者与其遗产等进行交易（电影制片厂、音乐许可证持有者等）是一个非常复杂的事情，难免会导致诉讼"（Muratore，2014年）。

道德考量

消费者如何区分来自博主对某些商品或服务的真实想法，或是代言和赞助的？消费者们应当有一个清晰的认知吗？

品牌方与意见领袖在合作产品或服务推广的时候，还有很多需要探讨的问题：消费者是否知道该意见领袖正在获得促销报酬？意见领袖何时是在表达真实的个人意见，而不是被买通后的花言巧语？因此，消费者需要清楚区分这一点以便他们可以做出明智的决定。

名人代言也是如此。在许多情况下，名人虽然初期认可品牌，但后来他们对此品牌具有完全不同的价值观，这表示品牌与名人并不匹配。尽管这首先可能适用于营销手段，但是一旦消费者意识到名人有不同的看法，这可能会造成怀疑、信任破裂和挫败感。

对于此举的规定和法律通常很含糊，因此会误导消费者。

另一个问题是，意见领袖或名人是否像广告商一样对其认可的后果承担责任。他们的代言可能对群众有害吗？这会削弱他们的自尊心和自我认知吗？如果孩子们通过社交媒体关注名人并作为弱势群体暴露于相同的信息怎么办？通过明星代言、影响者和意见领袖的方式进行营销时，需要考虑这些及更多问题。

对于名人代言文化的另一个担忧来自我们对它的痴迷，以及它对我们心理、情感、自我认知和自信的负面影响。临床心理学家迈克尔·S.利维（Michael S. Levy，2015年）指出，我们上瘾的方式类似于某人沉迷于毒品或酒精的方式。如果这是真的，那么与名人合作并将其用于代言的品牌实际上正在助长成瘾，并对社会造成伤害。

延伸阅读

Bartlett, D. (2013) Fashion Media: Past and Present. London: Bloomsbury Academic.

Briggs, M. (2016) Journalism Next: A Practical Guide to Digital Reporting and Publishing. 3rd revised edn. Thousand Oaks and London: Sage Publications Inc.

Church Gibson, P. (2011) Fashion and Celebrity Culture. Oxford: Berg Publishers.

Cope, J. and Maloney, D. (2016) Fashion Promotion in Practice. London: Bloomsbury.

Elihu, K. and Lazarsfeld, P. F. (2005) Personal Infl uence: The Part Played by People in the Flow of Mass Communications. London: Routledge.

Ferragni, C. (2013) The Blonde Salad. Consigli di stile dalla fashion blogg er pi ù seguita del web(Italian). Mondadori.

Fuchs, C. (2013) Social Media: A Critical Introduction. London: Sage.

Gelardi, P. and Barberich, C. (2014) Refi nery29: Style Stalking. Kindle edition.

Houghton, R. (2012) Blogg ing for Creatives. London: Ilex Press.

Katz, E., Lazarsfeld, P. F. and Roper, E. (Foreword) (2005) Personal Infl uence: The Part Played by People in the Flow of Mass Communications. New York: Free Press.

Lazarsfeld, P. F., Berelson, B. and Gaudet, H. (1944) The People's Choice: How the Voter Makes Up His Mind in a Presidential Campaign. New York: Columbia University Press.

Levy, M. S. (2015) Celebrity and Entertainment Obsession: Understanding Our Addiction. Lanham,MD: Rowman & Littlefield Publishers.

Pringle, H. (2004) Celebrity Sells. Wiley.

Schuman, S. (2009) The Sartorialist. Harmondsworth, UK: Penguin.

Tungate, M. (2012) Fashion Brands: Branding Style from Armani to Zara. London: Kogan Page.

Van Dijck, J. (2013) The Culture of Connectivity: A Critical History of Social Media. Oxford: Oxford University Press.

目标市场与
细分

6

章节主题

- 你需要一个目标市场吗　　　　　　　　　　　　　　　　99
- 品牌案例：维多利亚的秘密（Victoria's Secret）

  和大内密探（Agent Provocateur）　　　　　　　　　100
- 如何进行市场细分　　　　　　　　　　　　　　　　102
- 对品牌信息进行编码和解码　　　　　　　　　　　　111
- 道德考量　　　　　　　　　　　　　　　　　　　　114
- 延伸阅读　　　　　　　　　　　　　　　　　　　　115

你需要一个目标市场吗

对于每一个时尚品牌及其核心的产品来说，都需要认真思考他们的目标客户到底是谁？

整个世界？几大洲？一个国家？也许客户是居住在大都市中的年轻、单身且富裕的人？还是该产品仅适合50岁以上的农村消费者？宇宙的星宿是无止境的，品牌本质上有两种选择：大众营销或目标营销。

借助大规模营销，无需费力就能确定哪些人可能会或可能不会购买该产品，并且该品牌的传播方式是为所有人量身定制一条信息。这对于某些基本产品尤其有效，例如袜子、内衣、棉T恤（如Hanes，Loom of the Loom或Marks & Spencer's），因为每个人在生活中都需要这些物品。这时，为推出平淡无奇的主打产品，使其与竞争品牌产品相区别，可以进行品牌之间的合作，就像前文提到的H & M与大卫·贝克汉姆的内衣合作一样。

通过目标市场营销，品牌将努力缩小范围并确定其客户。这需要进行市场研究和市场细分，但承诺在资源方面将减少浪费，如果做得正确则可带来更多的利润。

根据杰克逊和肖（Jackson & Shaw，2009年，第53页）的说法，"了解市场的细分方式可以更轻松地计划营销策略，定位消费者并更准确地定位产品"。

实际上，这意味着细分是一种强大的工具，可以赋予品牌相对于其他品牌的竞争优势，并且是STP方法中的第一个垫脚石：细分，定位，定位品牌。在营销计划方面，品牌商可以预测消费者的行为，并"制订营销活动和定价策略，以从高利润和低利润客户中获取最大价值"（Rigby，2015年）。

因此，一旦进行了细分，品牌就知道了其目标市场，并可以最有效的方式直接接近它们。这对于以广告和公共关系的形式进行品牌传播非常重要。一个品牌只有在兴趣、喜好、态度和其他重要因素方面说出自己的语言，才能成功地吸引消费者。

品牌案例：维多利亚的秘密（Victoria's Secret）和大内密探（Agent Provocateur）

纵观每个人衣橱中的重要部分，谁是维多利亚的秘密的目标客户呢？谁又是大内密探（简称AP）的客户呢？这两个品牌都出售内衣，而且在全球的许多时尚之都都能找到它们的网站，但它们的消费者却大不相同。

1977年，罗伊和盖伊·雷蒙德（Roy和Gaye Raymond）在美国创建了维多利亚的秘密，颠覆了人们对传统古板内衣的看法，使它逐渐占据了主要市场，并且成了国际大品牌，在不久后转移到了英国。

《卫报》（*The Guardian*）描述了在2012年维多利亚的秘密旗舰店开业时的客户类型："消费者是提着Topshop购物袋的女孩们和拍照的游客……"（Carter-Morley，2012年）。

维秘天使（Victoria's Secret Angels）是品牌DNA的一部分，她们像是著名的跑道狂欢节上秀的苗条模型。她们大多数都只有20多岁，只有少数人是30多岁。大多数维多利亚的秘密销售的活动都是针对年轻、有趣并且呈现出快乐的女孩。该品牌并非以其高品质而著称，相反它的价格适中。尽管围绕着秀场行走所谓"天使"的健康一直存在着许多争议，但她们仍然是年轻女孩的榜样，并被用于品牌的宣传活动中。

同时，由薇薇恩·韦斯特伍德（Vivienne Westwood)的儿子和他的妻子于1994年在伦敦创立的奢侈内衣品牌大内密探是一个"我们是一个充满自信、感性又有点不羁的品牌，我们用工艺、板型以及选择精美的面料来塑造我们的俏皮感"（AP博客）。多年来，它已经从伦敦Soho的一家小商店发展成了全球业务。2015年，该品牌起用44岁的模特娜欧米·坎贝尔（Naomi Campbell）作为广告代言人，宣传海报中坎贝尔出演了一个蛇蝎美人的形象，背景幽暗深邃又看上去充满了刺激与危险感，让人联想到大卫·林奇（David Lynch）的《迷失的高速公路》（*The Lost Highway*）和布莱恩·德·帕尔玛（Brian de Palma）的《身体双重》（*Bode Double*）。这显示着它的受众用户是特立独行又有点古怪、但具有购买力的成熟人群。

根据大内密探的全球通信和电子商务总监马丁·巴特尔（Martin Bartle）的说法，他们有一个内部数据仓库，该仓库可以按购买的种类、地理位置、互动频率和互动类型自动标记客户。信息随后用于确定与客户的沟通策略（Dynamic Action，2015年）。典型的大内密探客户可能不会购买维多利亚的秘密，反之亦然，因为可支配收入、年龄、兴趣和期望存在明显差异。这两个品牌都了解客户的想法并会做出相应的针对他们的策略。但是，维多利亚的秘密曾因宣传不健康的美容标准和针对易受伤害的女孩而受到了严格的审查，大内密探也因为一些不雅的面料遭到过严厉指责。

如何进行市场细分

一般而言，细分市场有许多方法，但就本书而言，标准方法以及特殊方法将一并介绍，这些方法都与时尚行业有关。为了细分市场，必须收集和评估第一批定量和定性数据。这可以通过使用政府人口普查数据、调查和问卷调查、来自商店的销售点数据和电子商务数据、GPS数据、客户反馈以及焦点小组来完成。在进行市场调查时，你希望能够获得有关人口统计、地理、心理、客户购买行为以及分销、时间、价格和媒体的准确信息。

1. 人口细分

什么是人口统计学？根据韦氏词典的说法，"是对人口的统计研究，特别是关于人口规模和密度、分布和生命统计的研究"。

当人们根据他们的年龄、收入、教育水平和住房类型，有时甚至是种族分组在一起时，这是细分市场的标准方法。消费者也按性别分组，但在21世纪的时尚界中，性别主题可能特别受关注。借助时装秀上的跨性别模特和无性别的时尚品牌，这本身就可以成为有效的细分工具。

2015年，伦敦的塞尔弗里奇（Selfridges）百货商店巧妙地利用了无性别时尚这一主题，当他们在商店的地板上开设弹出区域时，这些弹出区域提供了诸如尼古拉·福米切蒂（Nicola·Formichetti）的尼康潘达（Nicopanda）或安·德梅勒梅斯特（Ann·Demeulemeester）等知名设计师的男女通用服装。

正如《每日邮报》（*Mailonline*）报道的那样，空间"由著名设计师菲·图古德（Faye Toogood）设计，并且在这种环境中，购物者可以自由地超越"他"和"她"的概念，因为您只需按颜色即可找到最想要的物品，合身且时尚"（伦敦，2015年）。

细分中使用的流行术语是通过世代细分，其中包括术语X、Y、千禧一代和Z以及其他几个术语。消费者根据他们的年龄分组在一起，并被赋予属性，这些属性应该在所有程度上都适用于他们。而且，尽管这种细分在营销中很受欢迎，并且在每本营销书中都有介绍，但必须特别指出的是，这不是一种将人们细分的科学方法。这些术语本身通常是由记者创造的，或者是由美国人（例如主要研究美国的研究人员施特劳斯和豪（Strauss & Howe）发明的，他们发明了施特劳斯豪世代论。因此，这些营销世代经常因缺乏广泛的经验证据，归纳得不准确而受到学者的批评。

世代如下：

失落的一代——出生在1883~1900年，经历过第一次世界大战。

G.I. 一代（或第二次世界大战一代）——出生在1900年至20世纪20年代后期之间，经历过第二次世界大战。

沉默的一代——出生在20世纪20年代末至1946年之前。

婴儿潮一代——出生在1946~1964年，这是战后婴儿潮的一部分。

X世代——出生在1970年至20世纪80年代初期。

Y世代——通常被称为千禧一代，出生于1981~2000年。他们还有许多其他名字，例如Generation Me，Echo Boomers，iGen，并且是营销商最看好的新型消费者。"Y世代"（Generation Y）一词最早于20世纪90年代初在《广告时代》（Ad Age）杂志中使用。

Z世代——诞生于千年之交（2000年），并且一直持续到现在。16年后，几乎没有关于该群体的任何信息或可能会遵循的任何想法（图6.1）。

图6.1　世代细分（作者原图）

2. 地理细分

什么是地理？地理学是"一门处理地球表面各种物理、生物和文化特征的描述、分布和相互作用的科学"（韦氏词典）。

因此，地理细分意味着人们可以按大陆、半球、国家、城市或城镇、郊区和农村进行细分，北与南，沿海与内陆。这对于时尚品牌而言非常重要，因为根据位置、气候、文化、宗教、政治和道德因素，全球消费者所穿的时装有很大差异。

字典中对于文化的定义，都与地理位置无关，因为即使在同一国家/地区内，各地区也可能有明显的差异。

例如，与农村地区相比，城市地区往往在时尚方面更加奢侈。此外，在日本，西方奢华时尚品牌以及皮革制品的价格会大幅上涨，部分原因是高进口关税和定位策略。

在日本，消费者购买一双靴子会被征收30%的关税，然后还会被征收8%的消费税，产品的总税率会达到38%。"对进口皮革制品征收这样的关税是为了使其比国产皮革制品更昂贵"（Higgins，2015年）。

当品牌在不同地区（例如马自达MX5米塔）销售时，有时会选择更改同一产品的名称，该品牌在世界各地分别使用了马自达米塔、马自达MX-5、欧诺斯跑车和马自达跑车的名称。

在语言方面，同一件衣服可能用不同的名字来称呼，比如美国的裤子读（pants），而英国的裤子读（trousers）。

地理人口细分是消费者区域分类的进一步发展，例如将客户的邮政编码与他们的个人资料进行匹配。

根据相关（Jackson & Shaw，2001年）说法，ACORN分类系统在英国被广泛使用。ACORN由CACI Ltd开发，代表"居民区分类"。

根据ACORN用户指南中的内容，它"将家庭、邮政编码和街区分为6类、18组和62种类型……通过分析重要的社会因素和人口行为，提供了准确的信息并深入了解了不同类型的人"。（acorn.caci.co.uk/downloads/Acorn-User-guide.pdf）

（1）富人——A富裕的生活方式，B真正富人，C存款充裕。

（2）精英——D城市精英，E职业上升期。

（3）舒适社区——F郊区社区，G成功的郊区，H稳定的社区，I舒适的老年人，J新生活。

（4）经济拮据——K学生，L收入绵薄，M经济困难家庭，N贫困的退休人员。

（5）城市逆境——O年轻困难，P挣扎的资产，Q困难情况。

（6）非私人房产——非私人房产。

让我们看一下第3类：ACORN指出40%的人有抵押，51%的人已婚，44%的人没有信用卡，20%的人对园艺感兴趣。在第5类中，单亲父母占18%，住在社会出租房中的占54%，不交税的占41%，非白人是13%。

3. 心理/生活方式细分

首先，让我们找出"心理"一词的实际含义。

他们认为，这是"研究客户的意见、兴趣和情感"。而且，如果将它们与他们的价值观、态度和生活方式相结合，您将获得栩栩如生的客户画像。实际上，心理和生活方式是经常可以互换的术语。

为了评估消费者的意见、兴趣和态度，然后对其进行分类，定性研究是通过采访个人或群体（所谓的"焦点小组"）并密切注意所表达的兴趣、观点和态度来进行的。客户提出的质疑越多，结果就越准确和具有代表性。定性研究可以亲自进行，也可以通过电话、电子邮件/互联网，甚至通过"蜗牛邮件"进行。

对于时尚研究，定性分析可以多种多样，包括直接的基于产品的研究以及文化或社会学要素。

在过去的几十年中，许多营销研究公司都通过各自开发独特的细分工具来弥补对客户细分的帮助。有斯坦福国际研究院（SRI International）的VALS工具，尼尔森（Nielsen）的PRIZM或Sinus研究所（Sinus-Institut）（后者主要用于德国市场）。细分工具通过使用古怪的名字并添加引人入胜的故事将有关的人们归为一类。尼尔森的对立社会类别被称为"Blue Blood Estates"（富裕、年纪较大、有孩子）和"Shotguns and Pickups"（白人、贫穷、有步枪、孩子和拖车）（Claritas，2015年），而窦·米利厄斯（Sinus Milieus）的类别为"适应性实用主义者"，即是"雄心勃勃的年轻社会核心。对生活和权宜之计有着明显的务实态度：以成功为导向，乐于妥协，享乐主义和传统，灵活且以安全为导向"（SINUS，2015年）。学者和评论家经常出于以下几个原因对这些细分工具表示担忧：首先，该工具通常是有专利，并且像任何其他产品一样积极地在销售。这意味着它们因所有人希望获得经济利益而产生偏颇。其次，大多数市场研究公司并未公开其数据收集或评估方法，这使其在任何学术界都不科学。再次，消费者群体倾向于改变态度，这可能会使细分工具过时。最后，他们倾向于通过种族等类别以消极的方式对人类分类。例如，窦·米利厄斯为纯德国人提供了一个单独的心理类别图表（父母必须都是德国血统），而所有其他具有"移民背景"的德国人则提供了另一个心理类别表（此人或至少父母一方不是德国裔，并在1949年后移居该国），后者约占该国人口的20%。换句话说，每一个有移民背景的人自出生以来都在德国居住，但在市场营销方面应区别对待。尽管市场细分工具可能非常有用，但质疑其道德规范并保持关于他人如何对待他人的批评至关重要。

时尚品牌喜欢使用的一种分类工具是所谓的人物画像。人物画像使用的是虚构人物，并提供该人物的外貌、生活方式和态度的概况。它还将提供特定的事实或硬变数，例如年龄、收入和社会地位。理想情况下，基础研究和数据的定性收集将为人物画像提供信息并使其更加准确。

下面的媒体细分部分将详细介绍人物画像。

4. 购买行为

客户细分的这一区域根据场合、所寻求的利益、使用率、品牌忠诚度、购买意愿和购买理由对人员进行分组。此外，可以区分用户状态：潜在的、首次、常规等。

场合：假期和刺激购买的事件。例如，经常购买内衣和袜子的消费者可能会忠于提供具有舒适、款式和价格等优点的品牌。然而，购买昂贵的名牌手袋可能与生日或促销等场合有关，并且在购买决定方面需要高度参与，而精心选择与预期的身份象征联系在一起。

5. 分布

在这里，我们看一看产品的分销渠道。欧洲大多数高级或豪华设计师品牌会选择在各自的旗舰店、机场免税区和直销店中出售，在性质不同的销售场所会有不同的价格。像香奈儿这样的品牌也会有打折的产品出现，但一般折扣不会多于30%。同时，打折商品是绝不会在自己的商店以及部分精选的奢侈品零售商处销售的。但是，快时尚品牌就不一样了，他们会出现在火车站、百货商店内的特许商店以及独立商店等地方。

随着线上渠道的重要性日益提高，许多品牌也通过电子商务进行分销。很多品牌为所有可用的移动设备开发自己的应用程序，并在第三方应用程序中做广告。

对于奢侈品牌来说，分销渠道受到严格控制，以确保稀缺性和电子商务可能受到限制或有时根本无法使用。在价格链条上，享有声望的商店和零售经验是所支付的独家价格的一部分。

6. 媒体

媒体对于营销传播策略至关重要：目标市场转向哪种媒体？它们如何参与？

可以通过各种媒体渠道与消费者联系，因此按他们使用的媒体进行细分非常重要。根据凯度（Kantar，2019年）的研究，英国互联网使用率达到了78%。

如前所述，杂志和报纸提供的媒体数据对于匹配消费者和首选媒体非常有帮助。

例如，英国《红秀》对典型读者的描述（就像人物画像一样）是女性，年龄在25～45岁，AB简介读者比《服饰与美容》和《世界时装之苑》更多。

> 她是一位机智、富裕、自信、忙碌和现代的女人，她积极参与周围的世界。她来到红秀参与"编辑的选择"——本周她会带

给大家她独到的时尚意见，比如一双高跟鞋让一身装扮立现摇滚风采，她非常高兴参与到红秀的内容当中来，无论是分享观点还是秀出自己的鞋子，她都沉醉其中。

该描述是前面提到的人物画像的完美示例。根据杰克逊·肖（2011年）的观点，零售商可能会使用对典型客户的文字素描来帮助他们的设计团队以及他们的零售消费者更好地了解和定位消费者。

注意"AB读者档案"，它是基于NRS社会等级系统（一种在英国使用的分类）。此分级源自媒体世界和《全国读者调查》来对读者进行分类，自20世纪50年代发明以来，这种分级现在经常用于一般营销，并在英国成为一种主流。它根据职业对社会等级进行分类。

全国读者评分（2015年）对社会等级的分类如下：

A 高级管理，行政和专业人士（占人口的4%）。

B 中级管理，行政和专业人员（占人口的23%）。

C1 主管、文书和初级管理、行政和专业人士（占人口的27%）。

C2 技术熟练的体力劳动者（占人口的21%）。

D 半熟练和不熟练的体力劳动者（占人口的16%）。

E 国家养老金领取者，临时工和最低级别的工人，仅享有国家福利的失业人士（占人口的9%）。

（《红秀》，2018年）

7. 时间

在品牌管理中，时间细分很少见，但对某些品牌和市场可能非常有效，比如按季节、假期和特殊事件来规划销售的产品（记住皇家每一个重要日期的餐具，如纪念乔治王子诞生的特殊饼干罐），或者有些产品会情系奥运会。在百货商店方面，时间分段可能与营业时间的增加和店内促销活动有关。

表6.1 总结表概述了最重要的细分标准以及公司如何访问这些标准

细分标准	说明
人口： 包括可以从人口普查数据中获得的关于一个人的所有数据	年龄：0~100岁，这取决于品牌 世代：婴儿潮一代，X、Y、Z世代等 性别：女性、男性、时尚中性、跨性别等 家族规模：1到无限 家庭生活阶段：年轻、单身、已婚、无子女、最小子女小于6岁、最小子女大于6岁、已婚、分居、丧偶、离婚等 收入：个人收入、家庭收入、监护人收入（针对儿童）、总收入或纯收入、可支配收入等 职业：在职、失业、自雇等 教育：非正规教育(未成年人也可申请)，初中、高中、专科学院、大学(本科和硕士)，博士，职业培训 社会阶层：下层阶级、中产阶级、上层阶级；可能的术语如工人阶级，资产阶级，贵族等
地理： 所有关于地理区域及其自然和文化因素的现有数据	区域：按大陆、半球、国家或国家联盟（如欧盟）、居民、人口密度等划分 人口密度：通常分为城市、郊区或农村，并按位置和人口密度进行划分 气候：按气候对人口的影响划分，如季节（四季，相反的季节，无季节，又如地中海、温带、亚热带、热带、极地等
心理： 关于消费者的定性数据，通过调查或问卷的形式获得	生活方式 个性 活动 利益 意见
购买行为： 关于个人购买模式的定性数据和定量数据（例如通过销售收集的数据）	利益寻求 使用率 品牌忠诚度 用户状态：潜在用户、新用户、定期用户等 准备去买 场合：平常购买或特殊场合（如节假日、活动等）
分部： 通常公司的内部数据评估是最主要的分析选择	旗舰店 独立店铺 特权 百货公司 快闪店 电商 邮购

细分标准	说明
媒体： 　　定性数据和定量数据	媒介类型，使用频率，参与度 印刷媒体 电子媒体 移动媒体 季节
时间： 　　通常公司的内部数据 是最佳的分析选择	政治和社交场合 事件（奥林匹克运动会，皇家婚礼或提前安排好的打折日， 比如黑五和双十一）
价格： 　　通常公司的内部数据 是最佳的分析选择	价格战略 折扣 晋升

8. 价格

尽管收入水平是人口统计评估时确定的，但独立的定价策略可以很好地帮助品牌触及其目标市场。实际上，当一个品牌希望扩展其目标市场时，例如泰格豪雅（TAG Heuer），它可能会生产一些相对便宜的产品，从而为新的目标客户提供入门级产品。品牌将在本章中进一步讨论。

未来和全球人口将如何发展

在细分市场时，统计数据是一种收集数据以进行进一步评估的可靠的经验方法。观察到2100年之前的全球人口增长，很明显可以预见非洲和亚洲的人口增长最大（图6.2）。

根据联合国（2017年）的数据，全球2100年的人口估计为112亿。

一级、二级和三级市场

细分市场后，可以将合适的消费者分在一组，品牌可以确定其第一、第二和第三目标市场（图6.3）。

一级市场占目标市场总量的60%~70%，二级市场占目标市场总量的15%~20%，第三级市场占其余的5%~10%（Bickle，2011年）。

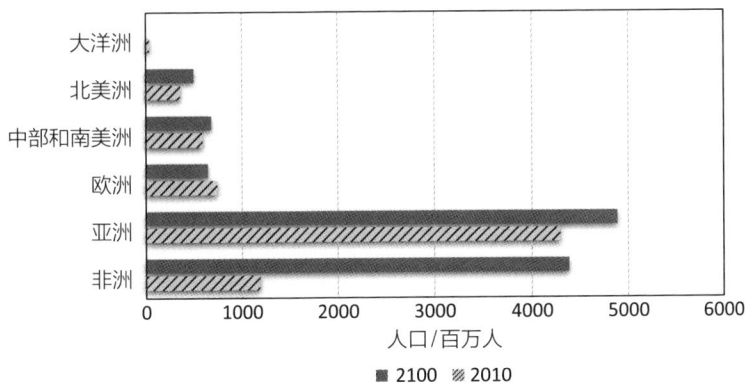

图6.2 预计到2100年全球的人口增长（作者根据2015年Statista的数据绘制的插图）

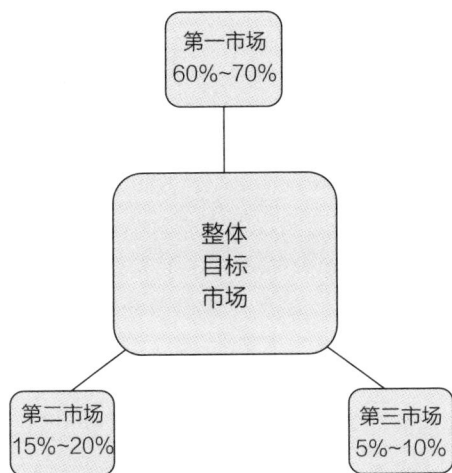

图6.3 第一、第二、第三目标市场（作者根据2010年Bickle结论所做的大致解释）

对品牌信息进行编码和解码

一旦成功完成了市场细分并确定了目标市场，就可以针对市场量身定制品牌的传播方式。在广告和公关方面，这意味着通过正确的渠道将正确的信息传达给目标受众。

一个品牌可能已经决定细分其市场，并开发用于其品牌传播的定制营销计划。清楚了解他们的目标是谁，以及他们如何希望现有和潜在的消费者对该消息做出反应。当他们开发出预期的消息时，他们可以确定消息将被理解吗？

消息编码和解码的理论是由斯图亚特·霍尔（Stuart Hall）在20世纪70年代初期提出的，他指出，发送者对消息进行编码，通过媒体渠道发送，接收者必须对其进行解码或解释。当然，信息的解释能力受个人的文化、背景和环境、个人经验、语言和社交能力的影响。

仅在成功进行解码过程后，才能真正接收到该消息。因此，在进行品牌传播时，必须确保目标收件人可以阅读该消息。

无论该品牌发送了什么预期的信息，在收件人清楚理解之前，它没有任何意义。这听起来很简单且合乎逻辑，但是科学表明它并不总是那么明显。在图6.4中，一个通信模型显示了消息的含义是如何创建的：发送者（如时尚品牌）打算将消息发送给目标客户，它使用视觉、语言和非语言代码的组合，应该代表他们的信息。然后通过媒体渠道（例如ATL、BTL或名人）将其发送到消费者。然后，消费者必须能够解码提示并最终"获取"预期的消息。只有在最后一步，信息才真正产生含义。尤其是时装，建立在视觉文化的基础上，这使时装形象成为一种独特的语言。时尚消费者期望在时尚交流中看到使用视觉语言表达的信息，并且数十年来已经学会了对它们进行解码。

举例来说，让我们看看制表商泰格豪雅，他们一直试图锁定千禧一代（Y世代）的年轻客户，并让他们认为泰格豪雅腕表既酷又令人

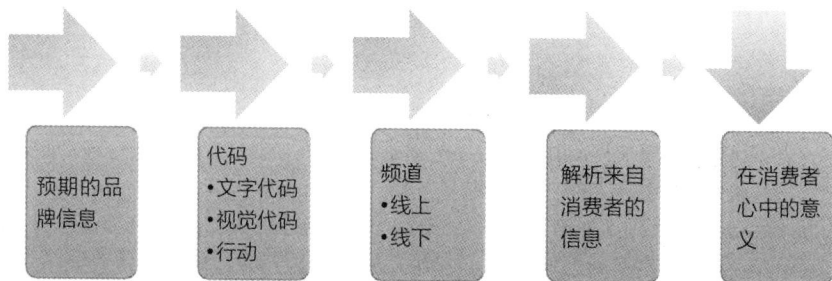

| 预期的品牌信息 | 代码
•文字代码
•视觉代码
•行动 | 频道
•线上
•线下 | 解析来自消费者的信息 | 在消费者心中的意义 |

图6.4　通信模型"消息的编码和解码"（作者的解释大致基于2012年Scheier Held的研究）

向往。除了品牌传播，泰格豪雅还降低了入门级手表的价格，以吸引新的目标消费者。此外，他们与全球3000万追随者的受欢迎的品牌大使保持一致：他们的广告活动使用了卡拉·迪瓦伊（Cara Delevingne）的形象和语言代码来编码这一特殊信息，隐蔽地看着相机并用手表展示她的手腕，以及复制文本"在压力下不会破裂"。这些图像是在消费者所见的时尚杂志中作为经典的ATL活动印刷的，同时还带有社交媒体活动以及大事件和其他促销活动。

目标市场能否正确解释预期的信息？千禧一代的年龄应该和卡拉差不多，并知道她是一位具有独特个性的明星模特，被誉为"当下最具破坏力的It Girl"（Karolini，2015年）。

此外，卡拉是名人和潮流引领者，因此接受者自动信任卡拉选择的手表（如第4章所述）。最后，语言提示揭示了配备这种手表的额外好处：它有助于避免在压力下破裂，在任何棘手的情况下，让您更强大、更酷、更成功（模仿恒星）。

在幕后，LVMH手表总裁让·克洛德·比弗（Jean-Claude Biver）和泰格豪雅首席执行官表示，卡拉"与品牌相称"，目前它们35%~37%的手表向女性出售，目标是50%。"手表与成功息息相关……成功就是'不要在压力下放弃'。如果您在压力下放弃，您将永远不会成功"。

在他们的网站上，他们这样描述了品牌大使：

> 从飞往巴黎进行拍摄到电影级大制作的长时间工作，卡拉从未停下来休息过，承受着日夜连续不断地在聚光灯下高强度工作压力。这个走在时尚前沿的女孩并不挑剔、难以取悦，反而一直闪耀着个人魅力。泰格豪雅卡拉·迪瓦伊特别版"Carrera 41 MM"的灵感就来自此，外部优雅，内部独特，行走于性感和杀手的边缘。
>
> 她的美丽和野性均匀地融合在一个令人兴奋的包裹中，让你迫不及待地去分享她那激动人心的生活。

（www.tagheuer.com/en/cara-delevingne）

这款手表的技术特点如何？接收者是否关心"Carrera 41 MM"模

型的实际作用？ 想象着泰格豪雅发出的是另一条消息，不是"不要在压力下放弃"，而是：5号机芯是一种自动上链机芯，平衡频率为4Hz（28,800vph），动力储备为40~50小时。它的按钮在2点钟处有黑线，在4点钟处有黑线。然后附上手表的特写，里面没有卡拉，目标受众能否接受并做出购买选择？

这是技术规格的节选，除非您是钟表爱好者或收藏家，否则它们对千禧一代没有多大意义，这些信息的出现对于正确的受众人群将毫无意义。

道德考量

分类最重要的考量要点是成见、歧视和侮辱的风险，因为分类的主要目的是基于预先确定特征和变量的一群人并对他们的行为进行判断和预测。

英国NRS社会等级群分类系统相当于职业社会阶层，所以，如果谁参与到体力劳动，那么会立刻被"降级"到低社会阶层的位置。希纳斯·米利厄斯（The Sinus Milieus）是一个德裔地区，对于他们的统计又会有另外一个表格进行另外的统计。

正如历史在无数场合中所表明的那样，对人的任何分类从本质上都是有缺陷的，它剥夺了个人的尊严和身份，让社会阶级产生了不公平的状况。此外，陈规定型观念还助长了偏见和侵略甚至暴力。

使用大数据收集可以更准确地进行分类，但是该系统也存在严重缺陷，并且可能存在危险。大数据的主要关注点之一是大数据的收集、使用、存储和删除。网站流量、社交网络、移动应用程序、论坛和博客以及其他数字平台可以收集并提供有关每个人的敏感而详细的信息。对于消费者而言，个人数据的处理、分析以及使用和传输一般几乎没有透明度。道德上的问题是，如何在未经人们有意识的同意（实际上他们甚至可能不知道这一点）的情况下收集和处理数据，但同时又要履行法律义务。如果用于收集数据的是人工智能和机器，那么谁来编程和控制它们呢？最后，问题是使用这种信息会造成什么危害，例如针对性的歧视或政治和社会排斥？可能是我们的技术进步发生得如此之快，以至于人们没有跟上它的含义，而在规范它方面落后了。

延伸阅读

ACORN acorn.caci.co.uk.

Bickle, M. C. (2010) Fashion Marketing: Theory, Principles, & Practice. New York: Fairchild.

Dubois, B. (2000) Understanding the Consumer: A European Perspective. New York: PrenticeHall.

Jackson, T. and Shaw, D. (2009) Mastering Fashion Marketing. Basingstoke: Palgrave Macmillan.

Kawamura, Y. (2011) Fashion- Ology: An Introduction to Fashion Studies. New York: Berg.

McDonald, M. (2012) Market Segmentation: How to Do It and How to Profi t from It. Revised 4th edn. John Wiley & Sons.

Posner, H. (2011) Marketing Fashion. London: Laurence King Publishing.

Smith, P. R. and Zook, Z. (2016) Marketing Communications: Offline and Online Integration,Engagement and Analytics. 6th edn. London: Kogan Page.

Sociovision/Sinus Milieus www.sinus-institut.de/ en/ sinus-solutions/sinus- milieus.

Nielsen PRIZM www.nielsen.com/ content/ dam/ corporate/ us/ en/ docs/ solutions/ segmentation/prizm- premier- segments- may- 2015.pdf.

United Nations (2017) World Population Projected to Reach 9.8 Billion in 2050, and 11.2. Billion in 2100. UN DESA: Department of Economic and Social Aff airs. Available at: www.un.org/development/desa/news/population/world-population-prospects-2017.html.

目标市场营销和
国际消费者：

7

编码与解码品牌信息

章节主题

- 针对国际市场的一种不同做法   117
- 品牌案例：看看假冒的国际品牌   122
- 在不熟悉的领域工作   123
- 品牌案例：印度吉百利牛奶（Cadbury Dairy Milk）   125
- 国际市场潜力   126
- 国内民族广告   129
- 道德考量   130
- 延伸阅读   130

针对国际市场的一种不同做法

　　我们生活在一个全球互联的世界中，许多时尚品牌正在国内市场之外扩张，寻求更多的机会、增长和利润。无论一个品牌是想吸引邻国的顾客还是全球性的消费者，都必须考虑到不同地方存在着许多不同的文化，并不是所有的文化都能以相同的方式诠释一个品牌的信息。当一个品牌扩展到国界之外时，在国内市场上行之有效的做法可能适得其反，这意味着在开展任何营销活动之前，都必须仔细研究和观察国际市场。相信自己的文化或种族优于另一个种族（也称为"种族优越感"），并依赖品牌所在国的消费者行为可能会导致重大错误。

最常见的挑战是语言、文化和政治障碍，这些都是需要考虑的。一个品牌必须评估人们是否会以同样的方式理解信息，得到的反应是否会是一个有利的反应。在外国文化环境中投放广告时，对信息进行编码和解码是一项截然不同的任务。

跨文化研究表明，人们对个人主义与集体主义、男性与女性特质、避免不确定性的倾向、种族或民族认同与全球认同、宗教以及许多其他文化因素的看法上存在显著差异（Müller Gelbrich，2015年）。

妇女权利示例：

例如，美国观众可能因为广告中只展示男性主导的刻板情境而被冒犯，他们期望政治正确性和性别平等。中国或日本的观众可能会因为广告中过分表达异性之间的感情而感到不满。当宜家（IKEA）发布2012年的沙特阿拉伯产品目录时，将所有女性形象删除引发一场小丑闻，事情不是发生在沙特阿拉伯，而是在瑞典本土。宜家将所有女性形象从目录中抹去，这使宜家本土的瑞典政府官员对公司发出的有关妇女权利的信息感到担忧。据《广告周刊》（*Adweek*）报道，宜家发表了一份道歉声明："我们应该做出反应并意识到，将女性形象从沙特阿拉伯版本的目录中删除掉与宜家集团的价值观相冲突。"（Cullers，2012年）

气味和味道示例：

在日本，人们不喜欢浓烈的香水，尤其是在公共场所，你会注意到许多化妆品和身体护理产品没有香味或者香味很淡。然而，日本人对任何食物或饮料都喜欢绿茶的味道和香味，这就是为什么你会在超市里找到具有绿茶味道的西方品牌奇巧（Kit Kat），以及在大多数咖啡厅都能享用到一杯抹茶拿铁的原因。

地理位置示例：

在俄罗斯，地理划分标准是一个挑战：那里有11个时区，在17098242平方公里的土地上采用"次日交付"的基础设施可能是一个挑战。超过一半的国际产品购买者是来自莫斯科和圣彼得堡等大城市，但只有25%的公民使用互联网购物。

语言示例：

在语言方面，例如"因为你值得"这样的口号在俄罗斯被翻译成"Ты этого достоин"/Вы этого достойны，引起了教会高层族长从困惑到娱乐甚至是批评的各种情绪，但并没有达到预期的效果。这在一定程度上是由于在俄罗斯这个词本身就是"美德""荣誉""高贵"或"尊严"的意思，因此也就意味着一个人的价值。人的美德是一个深刻的哲学、宗教和伦理问题，而通过这则广告，人类灵魂的价值就会降低为一瓶化妆品的价值。因此，从这则广告中没有读到"你应该拥有最好的美容霜"（西方品牌有意传达的信息），而是被解读为："你是一个可怕的人，价值不超过一罐面霜"。

有趣的是，当能听懂一些英语的俄罗斯消费者意识到某个品牌只是将一个口号或流行语逐字翻译，而从未努力去了解俄罗斯的语言或文化时，他们会立即认为该品牌是无知和糟糕的。这样，品牌失去声誉的风险很大。

文化遗产示例：

20世纪90年代，第一家麦当劳在圣彼得堡开业时，圣彼得堡的居民认为麦当劳的选址是对本国文化遗产的侮辱。

麦当劳选择在著名的涅瓦大街（Nevsky Prospekt）的一座历史建筑中开店（图7.1），这条街道一直以古典文学为特色，与巴黎香榭丽舍大街（Champs Elysées）相似，并因革命前的建筑杰作（大多数是纪念碑）而受到重视。这家快餐店取代了历史悠久的"北咖啡厅"。一位圣彼得堡居民回忆道："所有漂亮的装饰艺

图7.1　俄罗斯圣彼得堡的涅瓦大街（图片来源：mobinovyc）

术内饰都被无情地剥去了。不得体和没有受过教育的美国人把他们的小餐馆——用两片面包夹住肉饼——放在一座充满文化意义的建筑里，这里每个人都感觉被冒犯了。"现在，这家咖啡馆再次改名为"北咖啡馆1834"。

而且居民们可能会变得非常严肃：根据《真理报》（*Pravda*）报道，1998年一枚小炸弹在圣彼得堡一家未完工的麦当劳餐厅爆炸，因为该餐厅使原有的建筑物被夷为平地，所以遭到居民的反对（Pravda，2007年）。圣彼得堡的一位居民说："每个人都在嘲笑麦当劳，都在想，你为我们提供良好的服务背后是占用了我们的大楼。"

大约20年后，据说因为政治摩擦，2014年夏天俄罗斯关闭了10家麦当劳餐厅，这得到了俄罗斯消费者保护监督局（Rospotrebnadzor）的支持，该机构发现了麦当劳违反卫生条例的问题。

语言示例：

在中国，汉语是基于符号系统而不是语音系统（语音语言），每个汉字代表一个单音节的汉语单词或语素，汉语词典中有2万多个汉字。

中国国际贸易促进委员会（CCPIT）专利商标法律事务所解释了品牌进入中国要面临的挑战：

外国公司进入中国市场时，除在中国申请其拉丁商标注册外，还需要设计相应的中国商标并申请注册……由于汉语的复杂性，许多外国公司在将其拉丁商标转换为相应的中国商标并保护中国商标时可能会产生疑问。

（Wang，2016年）

西方品牌可以选择将品牌名称翻译成中文（这保留了品牌名称的含义）、使用音译（保持接近原始语音发音但不一定保留其含义）或使用其西式名称和标志，以期望获得认可。理想的版本是当品牌创建一个新的品牌名称时，听起来像原来的名称同时又保留了其本来的含义（Müller Gelbrich，2015年）。

例如，在有利的音译方面，"Armani"变成了"阿玛尼"（"A MA NI"），"Chanel"变成了"香奈儿"（"XIANG NAI ER"），"Lancôme"变成了"兰蔻"（"LAN KOU"）。所有选定的汉字都与美丽、优雅、诗意、花朵、芳香等有关，在发音上与拉丁商标相似，而且易读。同时，这些字符作为一个整体，在字典中不是具有特定含义的现成单词或短语（Wang，2016年）。

梅赛德斯奔驰（Mercedes Benz）公司将其名称翻译为"ben-chi"，创造了一个具有适当含义、声音和语音长度的品牌名称。该名称非常恰当地意味着驰骋（或跑得更快），从而提供品牌及其所代表含义的近字面翻译。然而据报道，在它创造"ben-chi"一词之前，曾使用"ben-si"则存在翻译上的错误，它带有一种消极而病态的含义。

此外，中国文化可以追溯到4000余年前，并渗透到现代公民中。这一点在遵循传统和变得更加"西方化"的复杂意义上显而易见。理解这一点并将其作为中国消费者基本需求的品牌更有可能赢得他们的支持。

品牌案例：看看假冒的国际品牌

极度干燥（Superdry）是一个时尚品牌，其标志以罗马字母和日文假名以及日文汉字字母（它们是日语中常用的三种字母中的两种）为特色。如果你想用这个标志来判断这个品牌来自哪里，那么你将面临相当大的挑战。

确实，极度干燥的三位创始人在过去的某个时候去过日本（所以这一部分是真的），但是他们从来没有在那里生活过，他们不是日本人，他们甚至不会说日语（Nihongo）。然而，他们的确爱上了朝日牌的超级干啤酒（Asahi Super Dry beer）和其他许多号称"超级"的产品。这使创始人们在英国小镇切尔滕纳姆（Cheltenham）创立了一家时尚品牌，我想这并不是很奇特。

尽管如此，在欧洲和美国，极度干燥品牌凭借其日本风格的印花服装和品牌名称受到了极大的欢迎。但是，这个日文字母组合到底是什么意思呢？当你读到极度干燥的著名图形"極度乾燥"（しなさい）时，你会听到"Kyokudo Kanso（shinasai）"，它可以翻译成"极度干燥（现在就做）"——这根本不是一个礼貌的要求，而是父母可能会给孩子的命令。

尽管该品牌的创始人在2011年承认了其品牌图形中的日文是没有意义的词语，但该品牌仍在继续发展，丝毫没有阻碍其粉丝。这是因为在西方，日本制造的商品被认为是优质的、炫酷的和与众不同的，而且这种排版是一种强大的独特卖点（USP），可以立即被识别。《品牌杂志》（*Branding Journal*）的理由是："研究表明，欧洲消费者渴望并表现出对日本品牌的偏好，这反映在他们的购买决定中。此外，在顾客的感知中，用日文编写的包装/产品往往会具有上乘的质量和"令人赞叹"的因素（Ryan，2016年）。

简而言之：欧洲消费者无法从字面上解读文字，但更重要的是，他们认为看不懂的日文很酷。

有趣的是，或者说逻辑上，日本没有一家极度干燥商店（数据更新至2015年）。然而，这是该品牌的一个战略步骤，因为日本人不知道他们应该如何看待"Jinglish"一词，即日语和英语的混合体。事实上，在日本最受欢迎的商品是带有英式或法式印花的T恤衫和听起来像西方的时尚品牌，这与时尚品牌极度干燥在西方的吸引力正好相反，因为日本消费者喜欢听起来像西方的品牌，不管它们是进口的还是国产的。你会发现许多品牌是由日语和英语组合而成的。它们听起来几乎是正宗的，这些所谓的西方品牌如JURIANOJURRIE品牌的Dainy、蜜桃派（PEACH JOHN）旗下的YUMMY MART、Delyle NOIR以及Ober Tashe。这些只是东京最著名的百货公司之一109百货（Shibuya 109，或当地人通过拼写数字称呼它为"Ichi Maru Kyu"）所提供的一些标签。这是日本时尚（J-fashion）爱好者的时尚圣地，年轻时尚的人们聚集在这里寻找不同的时尚风格，比如"超级可爱"（Kawaii）、"超级少女"（Gyaru）或"超级时髦"（Oshare）。

就像上述时尚品牌的异国名字一样，顾客也喜欢印有"Jinglish"字样的T恤，或印有"世界执行差异"（World Difference Execute）或"全凭运气"（Trusting to Luck）。他们也喜欢广告语："一切尽在你手中"（Everything is in Your Hand）或"非常喜欢掌握"（Much Like Hold）。英式风格的印花不仅限于衬衫，也不局限于东京，你可以在各种产品（巧克力、化妆品、沐浴露等）以及全国各地找到它们。

与极度干燥一样，进口优质品牌的吸引力是通过产品上的外文名称来传达的。消费者将这些特征转移到了假冒的品牌上，而不管其真实品质如何。这一明智的营销举措可以很好地适用于特定的品牌。

在不熟悉的领域工作

首先，处理不熟悉的领域和不可预测的客户反应，需要将"消息的编码和解码"的传播模式扩展到六个步骤和一个反馈循环，从而将单向传播模式转变为双向传播模式（图7.2）。

如果你把这与早期的品牌信息编码和解码的传播模式进行比较，你会发现一些不同之处：这些编码不仅是口头和视觉的编码，而且是品牌采取的行动。这可以是公关、广告或开店，也可以通过将产品放在其他零售商的货架上而简单地进入新市场。这就是为什么在第3步

| 预期的品牌信息 | 代码
• 文字代码
• 视觉代码
• 行动 | 频道
• ATL
• BTL
• 销售点 | 解析来自消费者的信息 | 在消费者心中的意义 | 消费者对信息的回应 |

评价：期待回复和收到回复的区别

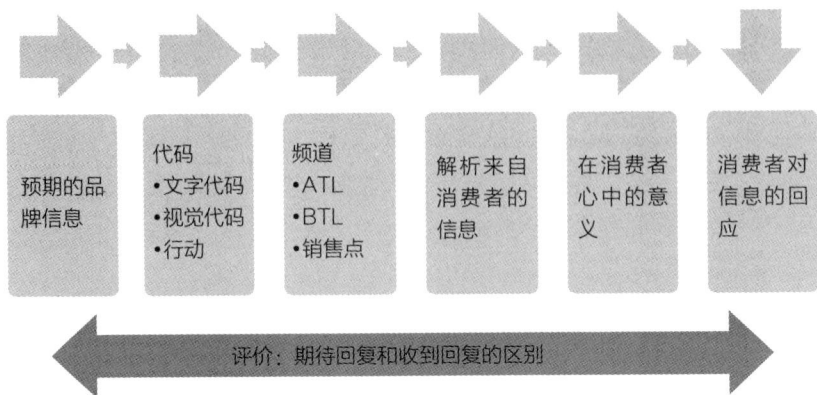

图7.2 国际市场的双向传播模式 [作者的说明大致基于2012年的西契尔（Scheier）和赫尔德（Held）以及2011年的卡斯特罗（Castro）和托尔池（Torch）的研究]

中将销售点添加到渠道中的原因。当消费者对信息进行解码，并在其脑海中浮现出预期信息的含义之后，接下来的关键步骤就是消费者对所述信息的反应。在国际市场上，这种反应对于一个品牌"成功或失败"至关重要。

在熟悉的市场中，可能发生的最糟糕的情况是，消费者只能部分地理解信息，或者根本就对其不感兴趣。但正如我们在前面的例子中所看到的那样，在国外市场上，消费者可能会被某个品牌所排斥或激怒，然后他或她就会拒绝接受这个品牌。消费者的反应对品牌至关重要，它必须评估预期的反应和收到的反应是否有差异。

这种将预期反应与收到反应相比较的理论实际应用于航空业，在该行业中，沟通是成功飞行和安全飞行操作的关键。例如，在驾驶舱中，飞行员和副驾驶员以及空中交通管制之间经常进行语言交流。为了确保以正确的方式接收和理解预期的信息，采用了重复、验证和控制系统。通常，当航空事故发生后调查驾驶舱录音时，会发现沟通出现错误，因此是人为因素导致了这场事故的发生。根据空中客车公司（Airbus）的调查，美国国家航空航天局（NASA）的一项调查发现，所有事故中有80%的事故是由于错误的通信造成的，其中有45%的事故归因于聆听方（Airbus，2004年）。

因此，所谓的驾驶舱和机组资源管理是航空专业人员经常性的培训内容。地面上的所有企业都可以从航空业吸取教训，不仅要重视消费者的反应，而且要预料到该反应可能不是预期的。

在划分国际市场方面也需要一种不同的方法：

金融数据和分析工具服务商（Wind）和道格拉斯（Douglas）（2001年）提出，划分国际市场需要两个步骤：首先对国家的宏观环境进行评估，然后对客户特征进行评估。

具体而言，宏观环境的推荐划分标准包括：

一般国家特征

地理位置

人口统计

社会经济发展水平

文化特色

政治因素

经济和法律约束

市场状况

产品受文化和生活方式特征约束

客户特征基于与本章开头提到的划分相同的原则，包括人口统计、心理统计和生活方式数据。

品牌案例：印度吉百利牛奶（Cadbury Dairy Milk）

下面是一个西方品牌的例子，它巧妙地利用国外市场知识为巧克力做广告：

想象一下一个棘手的社会状况：一个50多岁的女人第一次穿牛仔裤，怕所有的邻居（和婆婆）对她做出负面评价，于是，她很害怕走出家门。她丈夫递给她一小块巧克力，这立刻让她有了信心，然后大大方方走了出去。她做到了，邻居们会称赞她的新牛仔裤，一切都变得很好。

最有可能的是，上述情况对你来说完全没有意义（除非你熟悉印度文化）。为什么50多岁的女人不穿牛仔裤？为什么邻居们有权发表评论？为什么一小块巧克力就能解决这个神秘的情绪困扰呢？

答案来源于吉百利乳业和著名广告公司奥美于2010年推出的宣传活动，这项名为"发射"（Shubh Aarambh）的活动是基于印度传统的观念，即在每一个吉祥的时刻都要吃甜食，并相信这会带来一个好结果。

该系列中有几则广告，奥美印度公司的创意总监阿比吉耶·阿瓦斯提（Abhijit Avasthi）表示："在展开'发射'主题运动的同时，我们有意识地寻找具有普遍吸引力的情景，尽管它们可能与某些年龄段的人联系得更紧密一些……"牛仔裤"对成年人来说可能更难一些。接下来的其他主题同样令人惊讶，但却是真实的。"（Rao，2010年）

吉百利是否成功地创造了一个品牌信息，并能被特定文化的消费者解读？据说这个活动非常成功，很多家庭用吉百利牛奶的巧克力取代了传统的印度糖果。之后，奥美公司为电视媒体创建的一些宣传活动都成了印度广告商最欢迎的媒介。

根据全球统计数据库（Statista，2015年）的调查，亚太地区是全球第二大区域广告市场，2015年该地区广告支出总额达到1583亿美元。这一地区的增长主要受中国（世界第二大的广告市场）和印度（亚洲增长最快的广告市场之一）的推动。

国际市场潜力

面对所有的挑战，是否值得冒险进入国际市场？考虑一下对未来的预测：欧盟和美国大多是饱和市场，几乎没有增长前景。然而，人们对"金砖四国"的新兴经济体寄予厚望：巴西、俄罗斯、印度、中国。根据欧睿信息咨询公司（Euromonitor，2013年）的预测，到2020年，中国和俄罗斯将分别取代美国和德国，中国、美国、印度、日本和俄罗斯成为世界上最大的经济体。

1. 中国

自从20世纪80年代实行经济特区以来，中国经济就一直在增长。

中国劳动力成本低廉而且勤劳，对消费品和时尚的需求日益增长，还有许多白手起家的百万富翁喜欢奢侈品。中国现在的生产不仅是为了出口，也为了自己的消费，客户的需求也比以前更高了。中国也是世界上人口最多的国家。

2. 美国

美国在2007/2008年经济危机时期失去了很多力量，正在努力恢复平衡中。随着2017年新一届总统任期的到来，美国能否撑住经济下滑的势头，包括中产阶级萎缩、产量下降和需求低迷，还有待观察。

3. 印度

印度人口众多，劳动力兴旺。消费者既看中了印度传统品牌，也看中了西方产品，这使其成为一个利润丰厚的市场。印度消费者对奢侈品的概念了解深远，西方奢侈品牌正利用这一点开设独立的精品店和奢侈品购物中心。

4. 日本

随着老龄化人口的增长以及出生率的下降，日本的人口结构出现了严重的问题。安倍经济学（アベノミクス Abenomikusu）虽然未能给日本带来预期的经济增长，但还是有希望的，因为日本在技术创新和完善工程方面非常先进。事实上，日本在2016年被彭博社（Bloomberg）评为第四大最具创新力的国家。

日本消费者热爱时尚，包括奢侈品时尚，但这一点远不及20世纪80年代大肆购买奢侈品的时候。

5. 俄罗斯

俄罗斯的经济实力来自石油、天然气和贵金属等［埃罗莎

（Alrosa）是世界上最大的钻石开采公司］，蕴藏着全球30%以上的自然资源。它也是一个创新型国家，在2016年彭博社创新指数（Bloomberg's Innovation Index）中排名第12位。在新兴的中产阶级中，财富在不断增长，同时还有大量的亿万富翁，他们居住在莫斯科并且是奢侈品的消费者。奢侈品市场很好地经受住了经济和政治制裁。

6. 韩国

韩国在经济、技术和时尚方面发展迅速，在这三个领域比如韩国流行音乐（K-Pop）、韩国美容业（K-Beauty）和韩国影视业（K-Drama）中都处于全球靠前位置。尽管韩国出口自己的美容、时尚和流行文化品牌——也被称为"韩流"，但它也对西方品牌产生了巨大的兴趣。2015年，香奈儿携其早春系列在韩国展出。香奈儿品牌总裁布鲁诺·帕甫洛夫斯基（Bruno Pavlovsky）在接受《时尚商业》（*Business of Fashion*）采访时解释道：

> 今天，韩国是亚洲最具影响力的国家，凭借其活力和创造力，青年文化以及流行音乐和电视明星，已经变得异常强大，甚至在中国和日本产生影响……韩国也是一个快速增长的市场，一个非常有趣的市场，现在也对喜欢到这里旅游的中国人和日本人开放。韩国已成为亚洲的主要旅行目的地。
>
> （Longo，2015年）

最后，一种新兴的经济形式正在崛起：电子商务。麦肯锡咨询公司联合意大利奢侈品协会（Altagamma，2015年）的一份报告预测，到2025年，网络市场将增长到700亿欧元，成为继中国和美国之后的世界第三大经济体。

因此，通过电子商务吸引消费者的潜力也很大，尤其是在新兴经济体中。中国现在已经成为全球最大的互联网市场，拥有7.21亿用户，印度紧随其后，拥有3.33亿用户，然后是美国。如果这看起来很多，请再看看：联合国宽带可持续发展委员会（UN Broadband Commission for Sustainable Development）今天发布的一份新报告也证实，只有六个国家（包括中国和印度）合计占全球总人口的55%仍处于离线状态，其原因就是人口规模的庞大（UNESCOPRESS，2016年9月15日）。

这显示出未来增长的巨大潜力，因为全球近50%的人口可以成为互联网用户和具有全球影响力的品牌的未来消费者。

品牌国际营销成功的一个关键因素是保持灵活性。正如欧睿信息咨询公司在2015年的报告中所说：在所有新兴市场中，成功都是建立在知识的基础上的——对市场、经济、消费者、竞争对手和供应商的理解。在中国取得成功的公司都有很好的管理经验。

他们强调东方消费者与北方消费者的态度、品味和动机不同，沿海城市与内陆城市又有所不同（Booumphrey，2015年）。

国内民族广告

一个国家或地区内存在着不同的民族，则需要进行民族化营销。这通常是针对少数民族的，他们可能会对自己母语更加敏感，民族化宣传也许会得到更好的反应，通过品牌宣传可以了解他们的价值观和需求。

在美国迎合非裔美国人受众的时尚和生活方式杂志，或者像英国的时尚品牌库什布时装（Khushbu Fashions）这样的品牌，都在网上销售印度服装和巴基斯坦时装。

民族营销在美国和英国都发展得很好，但在欧洲大陆则处于起步阶段。然而，在种族比例很高的国家，这是一个利润丰厚的市场。在德国，大约20%的居民有非德国人的背景，就曾尝试过种族营销，但在日本，被证明这可能是不成功的，因为日本约有2%的人口是非日本人，这使其成为一个高度同质化的市场。根据日本司法部的调查，最大的非日本国籍群体是中国人，共有665847人，占日本外国居民的近30%，其次是457772名韩国人和229595名菲律宾人。

道德考量

为舒适区以外的消费者群体设计品牌信息时，跨文化意识和敏感性是必不可少的。舒适区可能是国内市场或时尚品牌所熟知的特定文化，知道什么是可以接受的，什么会冒犯消费者。

然而，在这个区域之外，该品牌可能会陷入沟通不畅的危险境地，这很容易适得其反，甚至摧毁企业。正如许多人在2018年杜嘉班纳（Dolce and Gabbana）中国事件中所看到的那样，当时广告被贴上了从"挑衅"到"种族主义"再到"无法理解"的标签。

像杜嘉班纳这样的失礼行为之一就是种族优越感。

任何国家都可以被指控种族优越感。这意味着"相信自己种族或民族的人民、风俗习惯和传统要比其他种族的好"，但这并不一定是种族主义。因此种族优越感行为与种族主义或爱国主义并不相同，尽管它经常与这两者同时出现。种族优越感通过使用他们自己群体的文化规范将人们与外来者进行比较，这样人们就可以相信这一点，但不能表现出这种情绪。

然而，如果这是你的商业态度，则可能会立即成为一个问题。正如我们在杜嘉班纳面向中国消费者的广告中清楚看到的那样，当你试图打入国外市场并吸引外国消费者，却不仔细研究他们的心理，甚至不尊重他们的文化规范时，这可能会成为一个巨大的问题。杜嘉班纳的创意团队在一个截然不同的市场和文化背景下，继续使用同样的欧洲式的、种族优越感的、开玩笑的方式进行广告和品牌传播，结果引发了一场声势浩大的负面社交媒体风暴。

延伸阅读

Briggs, P. (ed.) (September 2016) The State of Broadband 2016: Broadband Catalyzing Sustainable Development. Broadband Commission for Sustainable Development. Available at:www.broadbandcommission.org/ Documents/ reports/ bb- annualreport2016. pdf.

De Mooij, M. (2010) Consumer Behavior and Culture: Consequences for Global

Marketing and Advertising. 2nd edn. Sage Publications.

Matharu, S. (2011) Advertising Fashion Brands to the UK Ethnic Market: How Ethnic Models influence Ethnic Consumer Purchase Behaviour. Verlag, Germany: VDM.

Solomon, M. R. (2016) Consumer Behavior: Buying, Having, and Being. 12th edn. London: Pearson.

销售点的品牌沟通：
感官品牌

8

章节主题

- 感官品牌　　　　　　　　　　　　　　　　　　　　133
- 建立沟通　　　　　　　　　　　　　　　　　　　　135
- 品牌案例：雨果博斯在东京的旗舰店　　　　　　　　136
- 集成销售的电子技术　　　　　　　　　　　　　　　136
- 声音品牌　　　　　　　　　　　　　　　　　　　　139
- 采访：约翰·阿尔特曼（John Altman）　　　　　　 140
- 道德考量　　　　　　　　　　　　　　　　　　　　143
- 延伸阅读　　　　　　　　　　　　　　　　　　　　144

感官品牌

　　感官营销和感官品牌试图吸引与品牌相关的所有感官。它利用感官在情感上与顾客建立联系并提高品牌知名度。感官上的品牌沉浸感还可以创造一种情感上的归属感并提升品牌忠诚度。"归属感一词描述了人类的情感总和，它可以被某个特定的地理位置所唤起……这种感觉是建立在个人经历、记忆和象征意义的基础上的，这些都与地点有关"（Bischoff，2006年）。

　　我们的五种感官是由视觉、触觉、听觉、嗅觉和味觉组成的，有各种各样的研究表明其中哪一种感官可以获取最多的信息。有一种说法认为视觉（也就是我们的眼睛）是最强的，其次是我们的皮肤、听觉、嗅觉和最终的味觉。每种感官每秒吸收大约1100万比特信息，这些信息直接进入我们的潜意识（表8.1）。这是因为我们的意识思维每秒只能处理40比特信息。据推测，由于这一原因，我们所购买的商品中有95%是由我们的潜意识触发的。

表8.1 感官的信息转换率

感官系统	比特 / 秒
视觉	10,000,000
触觉	1,000,000
听觉	100,000
嗅觉	100,000
味觉	1000

此外，当单独激活或联合激活时，对我们大脑和持久的情绪记忆的影响会非常强烈。这是因为感官知觉是在我们大脑的边缘系统中被处理的。

商用感官品牌最悠久的例子之一就是新加坡航空公司对我们嗅觉的吸引：30多年前，新加坡航空公司开始在其热毛巾上喷洒其标志性的"史蒂芬佛罗里达水"（Stefan Floridian Waters），一种由玫瑰、薰衣草和柑橘组成的混合物。该公司最近在新加坡一家售票处试用了同样味道的香水。乘客们亲切地谈论起新加坡航空公司这一经典气味，并回忆起飞行中的美好经历。

伦敦摄政街上的博柏利为了吸引我们的味觉（和嗅觉），在自己的托马斯咖啡厅（Thomas's Café）中提供了味觉体验。菜单上从班尼迪克蛋到龙虾，从京都的日本茶到香槟，应有尽有。

阿玛尼采用了更为意大利的做法，这当然与该品牌的精神相吻合：阿玛尼咖啡厅和餐厅开在了米兰、巴黎、戛纳、慕尼黑、伦敦、多哈、迪拜、香港、纽约和东京。迪拜餐厅评论道："在阿玛尼的热情款待下可以品尝到传统的意大利美食以及对经典菜肴的现代改良。在时尚、现代的背景下享受精湛的厨师用最上等的食材做出最正宗的风味"（Armani Hotel Dubai，2018年）。

食物的奢华描述几乎可以与阿玛尼的奢侈时尚描述互换，因此这是一种感官体验，它将使品牌在消费者潜意识中难忘，进而可能会影响下一个购买的决定。

糖果是另一个受欢迎的项目：古驰有巧克力，爱马仕用巧克力制成可食用的铂金包（Birkin Bag）。中国对时尚和奢侈品行业来说是一个至关重要的新兴经济体，各大品牌都在争相为中秋节提供美丽和美味的月饼。这种圆形糕点是一种传统的甜点，像路易威登、蒂芙尼、托德、古驰、阿玛尼、肯佐和芬迪等奢侈品牌会将其包装在漂亮的盒子里，送给知名客户和关键意见领袖。

建立沟通

澳大利亚建筑师彼得·斯塔奇伯里（Peter Stutchbury）表示："一座好的建筑必须具备两件事，首先它必须为我们提供庇护，其次它必须与我们对话。"

尤其是直营店和旗舰店，可以成为品牌渗透以及与客户沟通的一个连接点，因此对于此类项目，公司预算通常会投入数百万美元。

其中一个典型的用于沟通的建筑不是来自时尚行业而是来自汽车行业。"BMW Welt"字面意思是德语中的宝马世界（BMW World），那是一个令人印象深刻的建筑和互动空间，是由汽车制造商委托并于2007年开放。它坐落在慕尼黑市郊，有时会吸引多达25000人来参观。根据蓝天组［HimmelB（l）au］建筑公司的说法，这个空间是"公司与来自世界各地的客户、朋友和访客进行对话的地方——一个会面和改变的地方……这意味着：看到、感觉到、听到、闻到和品尝到该品牌，简而言之：以各种感官体验宝马集团的品牌世界"。

事实上，这种感官体验是由一个现代、明亮和广阔的空间引发的，精心设计的互动式展览、参观、餐饮以及一个戏剧性的销售平台，在这个平台上将新车以充满情感的仪式交给客户（客户在仪式上第一次看到自己的车时会哭泣）。如果让你用形容词来形容这个空间，以及用形容词来形容宝马这个品牌，你可能会用一些可互换的词。

这是另一个行业建立沟通的成功例子。时尚也能创造这样的空间吗？

品牌案例：雨果博斯在东京的旗舰店

东京雨果博斯的男装旗舰店在建筑和感官上都是一个奇迹，部分原因是获奖建筑师团纪彦（Norihiko Dan）的任务是将这个建筑挤压到一小块土地上，并直接放在托德百货混凝土旗舰店的L形环抱之中。它也被称为榉（Keyaki）大楼，于2013年开业，其特点是由多个钢筋混凝土制成的叶形柱组成的结构。混凝土柱有令人惊讶的木样纹理（靠近时可见），这是通过在木制模具中浇注混凝土而形成的。

这座混凝土建筑矗立在表参道（Omotesando）的高档购物区，那里是奢侈品消费者寻求品牌娱乐的地方。在雨果博斯商店内，利用混凝土、木材、纺织品、光线和气味（有雨果博斯气味的蜡烛）等元素，让购物者在感官上沉浸其中进而进入雨果博斯的世界。

在旗舰店的空间内，消费者可以用他或她的全部感官去体验一个品牌，这种体验越积极，就会产生更多积极的记忆，从而产生忠诚度和品牌偏好（图8.1、图8.2）。

集成销售的电子技术

目前，消费者生活在一个电子和物质的融合世界中，期望品牌能通过所有可能的渠道触及他们。因此，在商店内部同时提供两个方式的销售也是很自然的。

这为客户创造了一段旅程，从数字个人设备上的第一次电子接触到商店的实物购买体验。麦肯锡咨询公司（2015年）进行的一项关于公司数字化的研究表明，客户的品牌体验和参与度显著提高。

一些品牌在他们的商店中采用了集成数字接口的想法，包括：

博柏利——交互式桌子、视频墙

普拉达——数字更衣室

汤米·希尔费格（Tommy Hilfiger）——增强现实时尚秀更衣室

图8.1　日本东京市中心雨果博斯大楼（旗舰店）内部（图片由雨果博斯提供）

图8.2　位于日本东京市中心的雨果博斯大楼（旗舰店），比L形托德斯旗舰店更高更显眼（图片由雨果博斯提供）

卡尔·拉格斐——交互式数字桌子和镜子

扎拉——RFID技术

古驰——儿童数字娱乐

耐克——多点触摸、多用户墙、智能手机交互

卡尔·拉格斐将苹果平板电脑安装在慕尼黑旗舰店的更衣室内，目的是邀请顾客拍照并上传到社交媒体上，从而让购物者成为品牌大使。这个简单的安装创造了一个围绕品牌的时尚氛围，触及了意见领袖，帮助客户和潜在客户通过社交媒体互动，并确保线下和线上交流活动的和谐。

苹果平板电脑上有一张卡尔在相机后面的照片，看起来已经准备好拍你的照片了。顾客穿着新衣服拍照并用相框和装饰品对其进行编辑。之后，界面要求将图片上传到卡尔·拉格斐的脸书页面。

总之，在销售点和品牌传播中使用感官品牌的好处是：

- 店内客流量增加。
- 增加在商店中花费的时间。
- 提高品牌知名度。
- 客户与社交网络相连。
- 增加销售额和收入。
- 重复销售。
- 如果商店使用库存管理技术，进一步的好处是可以更好地销售和管理库存，从而改善客户服务和销售以及提供个性化服务：直接在商店内进行个性化商品调整。

声音品牌

如何打造一个通过一种铃声就轻易被识别的品牌？又如何让一首歌曲成为产品最好的销售（也许还是二次销售）？你需要编写识别品牌的声音并把它们放到商业广告中，这背后的科学就是声音品牌。声音品牌建立在我们的听觉基础上。许多品牌都凭借着可识别的声音或使用流行歌曲作为他们的象征铭刻在消费者的记忆中。最典型的例子是电子设备和计算机操作系统在启动设备时所发出的声音片段，这些声音片段持续时间不超过几秒钟但可以立即识别出来。众所周知，麦当劳与贾斯汀·汀布莱克（Justin Timberlake）的歌曲保持一致而闻名，并将"我爱它"（I'm loving it）作为自己的品牌声音。

但对于时尚来说，用声音和短曲来建立与消费者的联系就更为复杂了。

时尚品牌在商业广告中使用较长的音乐曲目，从知名歌曲的简短摘录到整部电影的完整配乐。

时尚广告中的音乐甚至可以声名鹊起，成为流行文化的象征，并再次成为热门单曲。20世纪90年代末，李维斯就是一个例子，该品牌与一个黄色毛茸茸的木偶合作。法国电子音乐人、电影制作人昆汀·杜皮约（Quentin Dupieux，又名Oizo先生）的流行曲调与他的"Flat Eric"木偶一起，创造了一个史无前例的时尚广告。广告背后的天才是广告界传奇人物约翰·赫加蒂（John Hegarty）爵士。但就赫加蒂本人也无法预测这则广告的成功，一开始，该广告在品牌高管看来似乎有点儿奇怪，但一经发行，就具有爆炸性受欢迎程度，粉丝们建立了专门针对木偶的粉丝网站，并要求购买Flat Eric商品，虚构角色甚至上升到了受崇拜的地位。李维斯继续与黄色木偶一起制作了多个商业广告，在商业时尚和流行文化之间建立了明确的联系（Caird，2016年）。

在此之前，李维斯恢复了黛娜·华盛顿（Dianah Washington）在1952年演唱的《为那男孩疯狂》（*Mad About the Boy*）版本。2002年，李维斯首次在广告中使用了古典音乐，再次在百比赫（BBH）的帮助下，这个品牌用亨德尔（Handel）的音乐制作了一个非常昂贵的商业广告。这部经典作品的编曲人是约翰·阿尔特曼（John Altman）（图8.3），他在电视上插播了4000多个广告。

荣获艾美奖的作曲家、编曲人和指挥家为电影和电视创作音乐，并赢得了每一个主要的创作奖项，包括首届MPA音乐广告奖。他为李维斯和雷诺（Renault）创作的作品获得了2003年和2004年的最佳配乐奖。

他为著名时装品牌古驰、威格（Wrangler）、普拉达等制作广告。2005年，柏林电影节上映了雷德利·斯科特（Ridley Scott）为普拉达拍摄的时尚电影，李维斯为其配乐。恰逢普拉达推出新香水的时刻，谬西娅·普拉达（Miuccia Prada）邀请电影导演雷德利·斯科特和他的女儿乔丹·斯科特（Jordan Scott）共同创作电影项目。乔丹创作了一首诗《雷：完美的思想》（*Thunder: Perfect Mind*）涉及女性心理学的方方面面。

采访：约翰·阿尔特曼（John Altman）

采访音乐家约翰·阿尔特曼（图8.3）

问：你是如何开始为电视、电影和广告创作音乐的？

答：我当时在一个叫"热巧克力"的乐队里吹萨克斯管，有一次，乐队对安排给我们的音乐不满意，我说："如果你们愿意，我可以做一些调整。"结

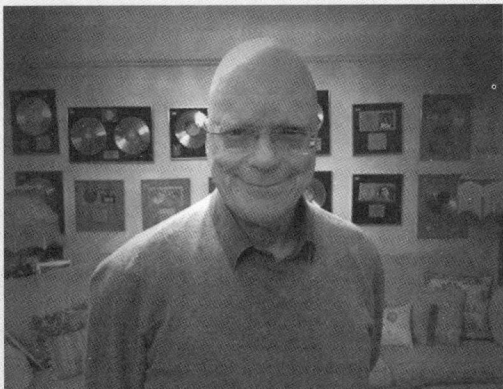

图8.3 约翰·阿尔特曼

果就是他们非常喜欢我写的东西，突然间我就成了编曲。在20世纪70年代中期，很多电视节目的编曲都是前舞蹈乐队的音乐家，他们看不起雷鬼音乐、乡村音乐和朋克音乐。我喜欢所有流行音乐，我对所有形式的音乐都很熟悉，因为我还是个年轻人。从21世纪初开始，我开始为流行的电视综艺节目做创作，他们会把稍微现代一点儿的音乐创作工作安排给我。大约在同一时间，我开始接受商业广告和唱片。有一天，荷兰的一家广告公司想在他们的广告中使用披头士乐队的歌曲，但是在那时，披头士乐队的音乐是不可能获得广告许可的，所以导演说："你为什么不写点东西呢？"好吧，我做到了，他们很喜欢，这成了他们商业活动的音乐。我立刻成了一个作曲家和编曲家。然后我开始为英国广播公司拍摄的电视剧作曲，并为其他作曲家编排音乐，类似的事情发生了好多。有人说："我们为什么不减掉中间人直接邀请你来编曲？"就这样我成了一名电影作曲家。这一切都是同时发生的，而我仍在继续我的职业生涯，作为一名编曲，我有很多的热门唱片，作为萨克斯管演奏者，与范·莫里森（Van Morrison）一样专业。我就如同开足了马力的汽车一样状态很好。

问：你曾为许多电影工作过，比如《泰坦尼克号》和《詹姆斯邦德007：黄金眼》。为什么时尚品牌现在转向电影或者说是短片，而不是广告？他们想从电影中复制什么吗？

答：电影是视觉效果、情感故事情节和富有冲击力的音乐的独特结合。当我们看一部非常精彩的电影时，它会在我们的脑海中留下持久的记忆。因此，我认为时尚品牌希望与他们的观众建立这种强大的情感联系。剧本的元素或者讲故事，无论是长片还是短片都是一样的，这正是当今品牌所做的——它们讲述了引人入胜的故事。

问：你认为时尚短片中的故事讲述与经典的商业广告有什么不同，比如李维斯的广告中你编排了亨德尔的音乐？

答：商业广告最奢侈的就是时间。你必须马上把一切都讲述清楚。当你想到最长的电视广告可能是90秒，最短的甚至是10秒时，你真的必须在短时间内发挥最大的影响。但有了电影，时间就可以延伸了，比如说，我配乐的雷德利·斯科特导演的那部普拉达的时尚电影长达7分钟，这足以营造一种氛围，一种既可以专注于一种产品，也可以聚焦于多个产品的氛围。

问：在普拉达时尚电影中，你创作音乐时的过程是什么样的？你是如何解读品牌的信息，又是如何将其转化为声音的？

答：它必须是时尚、神秘、永恒和有影响力，但又是有趣和好玩的，所以在某种程度上，这也是品牌所代表的。在诠释方面，这和我给一部长篇故事片评分的过程是一样的。但是对于由一系列追逐镜头组成的故事片《7分钟》而言，创作过程就不太一样了。

问：你用现场管弦乐队为广告配乐。你觉得这比使用合成音轨更有益吗？

答：主要的好处是你可以通过使用现场音乐产生情感上的影响，而这是使用机械无法实现的。例如，使用一个带有渐强和低音的小号可以拓宽你的情感色彩，也可以让音乐呼吸。

问：时尚电影通常都是由导演和演员组成的明星阵容。谁参与了普拉达的作品？

答：有乔丹和雷德利以及法国摄影导演菲利浦·勒素（Philippe Le Sourd）。

谬西娅·普拉达设计了主角和超模达莉亚·沃波依（Daria Werbowy）穿的衣服，风格由黑客帝国（Matrix）的凯姆·巴雷特（Kym Barrett）设计。还有汤姆·福登（Tom Foden），他过去曾与雷德利和乔丹合作过，后来成为制片设计师。李·布兰卡（Blanca Li）是这部电影的编舞。

音乐是由一个小型爵士乐团演奏的，其中包括弗兰克·辛纳特拉（Frank Sinatra）的贝斯手查克·伯格霍夫（Chuck Berghofer）、小号手杰夫·邦内尔（Jeff Bunnell）、打击乐手蒂基·帕西拉斯（Tiki Pasillas）和马克·安东尼（Marc Anthony）[詹妮弗·洛佩兹（Jenifer Lopez）的丈夫]共同演出。鼓手是布莱恩·塞泽管弦乐团（Brian Setzer Orchestra）的伯尼·德雷塞尔（Bernie Dresel）。它是在洛杉矶录制的。

道德考量

一个需要考虑的因素是感官品牌的副作用。第9章将更详细地讨论感官超负荷的概念。感官超负荷是对我们感官的过度刺激，会对身体和心理健康产生有害影响。对于那些可能患有癫痫、自闭症和阿斯伯格综合证等易感人群来说，这是个问题。

在一场以身临其境的体验给消费者留下深刻印象并占据更多市场份额的竞赛中，品牌对其营销实践的效果变得漠不关心。一个有很多数字接口的高刺激场所也可能会让人感到困惑，不适合儿童和老年人。

穆拉·托夫斯基（Gjoko Muratovski，2011年）认为，从远古时代起，建筑就被用作政治和宗教宣传的手段，例如古希腊、罗马或埃及，在那里，建筑就被委托来传达统治者或帝国的权力。在近现代时期，美国、苏联、柏林和其他国家的首都建造了具有纪念意义的建筑，这些建筑被称为"建筑宣传"。

然而，当品牌而不是政府改变我们的景观时，他们在宣传什么？我们的直接环境是由具有强烈商业利益的公司设计和策划的，进而宣传消费主义。

当城市不再代表艺术、建筑和城市发展，而是成为最酷、最喧闹、最高品牌建筑的游乐场时，我们从周围的环境中获得了什么样的生活意义和审美？相比之下，博物馆建筑是一个文化空间，通常所有人，大多数年龄和各种背景的人（免费或少量收费）都可以进入。在没有购买先决条件的情况下，品牌空间是否同样具有包容性和可访问性，它是否增加了一个地方的文化价值？也许这就是酩悦·轩尼诗—路易·威登集团大楼（Maison LVMH）和基金会（Fondation LVMH）正在试图实现的文化空间。

因此，品牌对我们的文化资本、城市遗产以及今世后代的社会文化环境负有责任，然而，这种对社会的责任并不一定与商业利益相符。

此外，众所周知，大品牌和大公司推动了高档化。他们赶走那些增加城市活力和特色的小企业，这些小企业可能有着悠久的历史。正如娜奥米·克莱恩（Naomi Klein）所写的那样，在我们进入 21 世纪时，星巴克制定了占领城市空间的战略：该公司通过同时开设几家咖啡馆来接管整个街区，迫使那些老牌的、规模较小的竞争对手关门。近 20 年后，这一战略仍然非常适用，全球没有一个大城市不受影响。

延伸阅读

Ferrari, P. and Rizzolatti G. (eds.) (2015) New Frontiers in Mirror Neurons Research. Oxford:Oxford University Press.

Fiore, A. M. (2010) Understanding Aesthetics for the Merchandising and Design Professional.New York: Fairchild Books.

Gabay, J. (2015) Brand Psychology: Consumer Perceptions, Corporate Reputations. London:Kogan Page.

Hulten, B. (2009) Sensory Marketing. New York: Palgrave Macmillan.

Lewis, R. and Dart, M. (2014) The New Rules of Retail. 2nd edn. New York: Palgrave Macmillan.

Lindstrom, M. (2010) Brand Sense: Sensory Secrets Behind the Stuff We Buy. Revised, updated edn. New York: Free Press.

Minsky, L., Fahey, C. and Kotler, P. (2017) Audio Branding: Using Sound to Build Your Brand.London: Kogan Page.

Pelger, M. (2015) Designing the Brand Identity in Retail Spaces. New York: Fairchild Books.

对广告的批判性审视：
销售希望、梦想和物化的品牌

9

章节主题

- 为什么批评广告   146

- 广告与个人的关系：希望、梦想和恐惧   146

- 扭曲的自我认知和广告的心理暗示   150

- 性别与身体物化的广告   151

- 儿童性化   153

- 品牌案例：令人震惊的广告和贝纳通案（Benetton case）   154

- 身体和心灵不适   155

- 采访：吉恩·基尔伯恩（Jean Kilbourne）   156

- 监管机构   161

- 感官超负荷：广告无处不在   162

- 品牌案例：没有广告的地方——圣保罗、格勒诺布尔和朝鲜   163

- 采访：叶夫根尼娅·萨贝尔尼科娃（Evgeniya Sabelnikova）   167

- 延伸阅读   170

为什么批评广告

广告无处不在，它让我们了解产品、娱乐我们，甚至有时还会刺激我们。我们自认为可以了解广告的一切，只要我们愿意就可以有意识地选择忽略它的影响。但是我们真的可以吗？许多评论家、作者和学者都指出了广告的一个根本性问题：它对社会造成的弊大于利，它误导了事实，扭曲了现实，显然试图影响和操纵消费者，而且"广告凭借其巨大的曝光量，设定了一个社会议题，即什么是预期的、什么是时尚的，什么是有品位的……"（Lane，2008年，第755页）。广告远比我们想象的要更强大更有害。

广告的曝光是不可避免的，因为在大多数公共和私人环境中，人们总会看到或听到广告。当个人遇到广告时，他们会不经意地且经常不自觉中与广告形成心理和情感上的关系。

尽管如此，仍然有许多人否认广告的影响，"因为它是快速的、累积的，而且在很大程度上是潜意识的"（Kilbourne，2010年）。

广告对儿童和青少年的危害更大，他们很容易受到影响，而且可能会模仿他们看到的同龄人或样板。在某些情况下，广告是非常令人不安的，例如一些令人震惊的广告。

然而，当广告宣传进行得过多时，有些规章制度和监督机构就可以介入。还有一些地方有意识地选择限制或取消公共场所（或其他地方）的广告。在格勒诺布尔、圣保罗和朝鲜这三个地方，由于广告的限制或缺乏，景观都发生了巨大的变化。生活在没有广告的地方是什么感觉？一位苏联时期电影明星的采访回答了这个问题。

广告与个人的关系：希望、梦想和恐惧

要了解我们与广告的关系以及广告对我们的影响，我们首先要研究的是人与广告之间的相互关系。当我们看广告时，我们的脑海里到底会发生什么以及会出现哪些情绪？

为马克·雅各布斯的香水"雏菊"做广告的索菲亚·科波拉无意

中解释了时尚广告中的机制："我想当你喷上这款香水时，你就会想象出你将成为什么样的女人。经历某件事后你就会思考今后你将要拥有的生活，时尚也是如此"（Blasberg，2014年）。

广告与我们之间形成了一种关系。西格蒙德·弗洛伊德（Sigmund Freud）的信徒和成功的营销者，如爱德华·伯奈斯或欧内斯特·迪希特（Ernest Dichter）应用了当时的自我和隐性欲望的新理论作为一个聪明的营销工具。他们相信每个人的潜意识深处都隐藏着梦想、希望、恐惧和不自信。他们认为能让人们更清楚地意识到这些深层次的情感并提供一种解决问题的方法就是买东西。

这种方法在很多情况下效果很好，因为人们没有意识到凭借购物满足他们愿望的这种情绪不会随着购买而消退。

现代神经科学已经证实了心理学家欧内斯特·迪希特20世纪30~60年代的观点：购买行为不是有意识的。它甚至不是潜意识而是无意识的。迪希特在维也纳研究了西格蒙德·弗洛伊德的理论，并在20世纪30年代初逃离了日益壮大的纳粹政权。他来到纽约，在他原有的心理分析学的知识上开始了新的市场营销生涯。研究发现，对于顾客来说，物品具有性、恐惧、奖励和威望的含义。他曾在许多公司工作，包括克莱斯勒（Chrysler）和象牙香皂（Ivory soap）。迪希特给他的营销和广告信息注入了隐晦的含义：例如，他注意到人们非常注意自己的清洁，会在浪漫约会前洗澡。因此，象牙香皂的广告中就有类似"浪漫是不会限量供应的——如果你使用婴儿的美容秘诀！"这样的广告给那些渴望浪漫的人带来希望。像象牙这样的品牌通过与缺乏信心的自我沟通来达到充满希望的自我。

让我们看看20世纪中期使用的一种技术：恐惧。芬尼斯（Fennis）和施特勒贝（Stroebe，2010年）讲述了李施德林（Listerine）的一个著名广告，它使用了可怕的医学术语"口臭"。他们的产品最初是作为一种外科消毒剂（用于身体和地板）来销售的，它使口臭成为一种社会不可接受的特征，认为口臭对所有的人际关系来说都是灾难，尽管在广告宣传之前，社会对此并没有意识到，当然也不认为这是个大问题。但是这些广告活动的目标正是人类的神经，即社会排斥。口臭会让女人"常常是伴娘……做不成新娘"或就像笼中的一只鸟孤独没有朋友。广告中有许多类似的可怕例子,它们都提供了一个解决方案,那就是臭名昭著的漱口水。当人们看到这样的广告时(即使在今天也有很多这样的广告,把恐惧作为一种动机),他们会立即同情和认同这个人——至少在广告播放时间内是这样。如果广告与内心的自我产生共鸣,那么这个人也会在一定限度上尝试和模仿。

这是神经科学最近发现所谓镜像神经元时所支持的内容:镜像神经元是神经元的一种,据说当灵长类动物看到其他动物在做动作或自己做动作时,这种神经元就会触发。对于神经元来说,这个动作无论是被动做的,或者只是作为观察者观察到的,还是我们切实地模仿了这个动作,都是没有区别的。科学家认为这是共情的神经功能。

但即使没有科学的解释,我们人类也有能力想象自己处于别人的处境,我们似乎也会"试穿"别人的鞋子。但如果一个广告做得很巧妙,它不仅会让我们产生共鸣,还会激起我们强烈的情感。这种足够强烈的情感会使得我们冲动地回应,而且有足够长的时间来解决购买广告产品所带来的隐含问题。

正如朱迪思·威廉斯(Judith Williams,1978年,第70页)曾指出的:

> 这套生活方式正是广告提供给我们的。在购买带有某种"形象"的产品时,我们创造了自己,塑造了我们的个性、我们的品质,甚至我们的过去和未来……我们既是产品又是消费者,我们消费、购买产品,但我们就是产品。因此,通过购买,我们的生活变成了我们自己的创造物,我们自己在不同产品的装饰下具有不同形象的标识。

而这种拼凑起来精心打造的自我,往往与我们看到的广告有着非常不健康的关系。

那么,广告对我们有多不健康呢?

因为广告扭曲了我们的自我认知,并造成了破坏性的不安全感,所以,它可能是长久不健康的。特别是时尚广告尤其擅长扭曲自我认知，因为时尚就是要身材高大、美丽、时尚、年轻、令人向往，拥有完美无瑕的身材，穿着适合各种场合，在社交上成为赢家，同时拥有极为奢华的生活方式。在这一点上，我想请读者反思并计算他或她认识多少人（不是任何社交媒体明星）符合这一描述。现在请想一想你记得有多少时尚广告和有影响力的帖子符合这一描述。即使你是模特行业的顶尖人物，你仍然会看到比真实人物更理想化和修饰过的广告。

当你浏览一本时尚或生活杂志时，广告会使任何编辑内容黯然失色（Winship，1987年）。平均而言，美国《服饰与美容》杂志的一期"九月刊"将刊登三分之二的广告，而最后三分之一将用于展示他们自己的摄影作品和一些实际的写作文章。你只需要给自己一份拷贝，计算每期广告的完整页数，然后计算带有实际文本的编辑页面（而不是穿着这些商品的模特旁边的产品描述）。

2014年，时尚达人网站（Fashionista.com）报道了三个不同九月刊的广告页数量：《服饰与美容》有631页广告，《优家画报》有485页广告，《魅力》有215页广告，《名利场》有232页广告（Mau，2014年）。

当然，这是一个进退两难的处境，因为杂志在经济上依赖于广告商，除非他们坚信不同的商业模式，否则只会为广告尽可能多地腾出空间。据报道，《坦克》杂志（*Tank Magazine*）对他们刊登谁的广告以及刊登多少广告都非常谨慎，但也为此提高了每期的价格。

然而，广告商在等待对竞争对手有利的编辑文章或负面评论的确认时，利用他们的权力地位保留广告篇幅并不少见（Lane，2008年）。

"重要的是视觉图像，尤其是彩色图像，它使书面文字黯然失色。彩色图像的联想往往会在杂志和读者的记忆上留下最牢固的痕迹，而书面文字却无法激发这种直接而又丰富的影响"（Winship，1987年，第55页）。正如这段来自20世纪80年代的文章所展示的那样，我们习惯于消费时尚的方式仅是通过视觉化的描绘拥有虚构人物的虚假世界而已。

欧文·戈夫曼（Erving Goffman，1976年），20世纪最有影响力的社会学家之一，当广告商试图以真实的方式展示广告世界时，他将其称作"商业现实主义"。他将广告中的现实片段与戏剧中的片段进行了比较：

让观众参与到一个虚构的世界，即对现实以及事物状态的模拟中去。

> 当代广告中所采用的标准转换，其中的场景中所有细节都可以想象得到，因为在理论上确实可以发生如图所示的场景，这就为我们提供了一个模拟的生活片段；但是，尽管广告商似乎并不打算将图片作为捕捉到的场景传递出去，我们的理解似乎是我们不会对他施加太多的压力来解释这一幕究竟是怎样的现实。
>
> （Goffman，1976年，第15页）

知道了这一点，广告对我们来说应该看起来很奇怪，但大多时候并没有。

扭曲的自我认知和广告的心理暗示

主要在时装和美容广告中，一个不切实际的美丽标准被夸大了，当完美的女人被描绘出来（一开始就已经很瘦很漂亮了），仍在后期制作过程中利用Photoshop进行修饰时，这种不现实的美丽标准就变成了这种非常商业化的现实。

从时尚杂志到录像带再到社交媒体宣传海报，女性、男性和儿童随处可见上述的形象，他们从中收到了什么信息？安东尼·科尔特斯（Anthony Cortese，1997年）认为，女性开始对自己的身体感到不满意，失去自尊心，甚至会出现诸如饮食失调之类的心理问题，所有这些都是因为人们要追求的身体形象是不切实际的。

事实上，要达到这种美丽标准几乎是不可能的，就像自然不可能拥有芭比娃娃的身材比例一样。然而，想要成为完美模特的秘密愿望仍然弥漫在我们的社会中，并使许多女性、男性以及在自怨自艾中长大的年轻女孩和男孩的心理和身体（以及经济）健康状况黯淡——这是一个非常严肃的话题。早在1979年，基恩·基尔伯恩（Jean Kilbourne）拍摄纪录片《温柔地杀死我们》时，她就揭开了这个话题（该纪录片现已更新，目前出到第四季）。

一个名为广告克星的激进组织以颠覆广告信息、指出其危险的"副作用"以及提高公众的意识为己任。由于广告克星在他们颠覆的时尚广告中使用相同的代码和视觉语言，因此，人们可以轻松地对其进行解码并一眼就能理解其中的社会意义。例如，一系列的恶搞广告从卡尔文·克莱恩（Calvin Klein）香水"激情"（Obsession）的广告中汲取灵感，但它描绘了截然不同的场景，比如一个生病了且已经很瘦的女人坐在马桶上。问题来了，她是否可以变得更瘦呢？她会对自己的样子感到开心吗？她可能和许多其他女人相似吗？

女性的身体及其刻板的瘦弱通过不切实际比例的娃娃呈现给很小的孩子们。随着女性的成长，她们在品牌的熏陶下成为消费者，并错误地试图通过消费来解决这些自我怀疑。

性别与身体物化的广告

在比较男性和女性时尚或生活方式杂志上的广告时，很明显男性和女性的目标定位方式是不同的。在过去的几十年里，男性和女性的传统角色是否发生了变化？我们能否从广告中看到这一点？

的确几十年来，尤其是女性在广告中被物化了，她们被呈现出是没有权力、顺从男人、没有话语权的个体（Cortese，1999年）。通常，她们的身体被"切分"，只露出胸部、腹部、背部和腿部等部位。更糟糕的是，通过这些被征服的形象，男人清楚地知道女人是软弱的，无论是通过性行为还是暴力行为，女人都会被男人支配（Kilbourne，1979年）。

如果你认为整个美国的妇女从未完全获得过平等权利，因为《平等权利修正案》（Kilbourne，2019年）没有得到批准，尽管1972年就有人试图这样做，那这一点就变得更加有趣了。在遥远的欧洲，德国仅在1977年出现妇女享有平等权利。因此，占主导地位的男性实际上是西方文化的一种规则，并在我们的视觉文化中继续蓬勃发展。

代表女性物化的一则广告是1974年韦恩伯格（Weyenberg）的广告"按摩鞋"（Massagic Shoes）。该广告展示了一个女人躺在地板上，欣赏着鞋子。她的身体被"切分"，因为只有上半身露出来，并从胸部下方切断。她开心地对着鞋子微笑，目光聚焦在物体上而不是相机上，副本上写着："把她留在属于她的地方……"这是20世纪70年代的事，但从那以后广告有没有改变过？看看蓝天伏特加（Sky Vodka）的任何一个广告，你都会看到类似的图片。

女性是自愿消费，还是作为受害者被现代营销、广告和品牌所引导消费（图9.1）？

关于"广告与女权主义之间的间距"，《大西洋》在2015年写道：如今的许多广告，无论是内衣、鞋类还是婴儿爽身粉的身体喷雾剂，都与20世纪70年代的样本一样倒退。他们可以假设女性的消费决定是基于男性的欲望，他们可以假设商业交易中不论谁花钱关键决策者都是男人。

我们很可能已经来到了，维珍妮牌女士香烟（Virginia Slims）广

图9.1 女性是自愿消费，还是作为受害者被现代营销、广告和品牌所引导消费（作者原创摄影作品）

告所说的那样："我们走了很长一段路，宝贝，但是我们还有更长的路要走"（Garber，2015年）。

儿童性化

另一个需要关注的方面是儿童和青少年的早期性化，这在现在的广告中占主导地位。

根据安东尼·科尔特斯1999年的观点，女性和男性以及女孩和男孩，都可以通过广告了解他们应该如何表现，以及他们在社会中必须扮演什么角色。

这种广告做法存在明显的危险。一个例子就是著名影视明星布伦丹·乔丹（Brendan Jordan），一个15岁自称变性的男孩，他被AA美国服饰（American Apparel）选中，并活跃于他们的广告活动中，突出了他未成年的性取向。在首席执行官兼创始人多夫·查尼（Dov Charney）在任期间，AA美国服饰的广告受到广告监管机构的严厉批评。他利用未成年女孩，把她们置于性暗示的位置并亲自给她们拍照。其中一些女孩和一些雇员以猥亵罪起诉AA美国服饰。查尼的广告活动在一些国家因不雅而被广告监督机构禁止。在查尼被要求离开公司后，在首席执行官保罗·施奈德（Paula Schneider）的监督下重新构思了布伦丹·乔丹的广告活动。据报道，施奈德希望淡化这个品牌明显的性化形象，但她坚持希望通过保持性感和前卫来忠于最初模样。她在接受《独立报》采访时说，布伦丹·乔丹是这个品牌的代言人，他能够在广告活动中脱颖而出（Akbeiran，2015年）。

这里的问题不是青少年的性取向或性行为，而是道德意义。在时尚广告中利用他们的性取向来宣传，在道德上可行吗？在一些国家青少年是不被允许购买酒精的，但是时尚公司却被允许以一种弱化的方式使用酒，并将他们的性取向暴露给世界其他地方，以此来换取销售额和利润的增长。

这些例子清楚地表明，广告不仅可以反映社会的变化，还可以对其自身产生影响。因为广告推销的是一个梦幻般的、被强化的或有时被扭曲的现实，所以性别被建构在这个"商业现实"中，它发展出了自己的意义进而对社会产生了影响。一旦广告中的图像被大量的人看到，它就可以产生一种反应并塑造角色。如果这些图像被达到年龄的成年人观看，他们可以就内容做出明智的决定。但当社会中最脆弱的成员（即儿童和青少年）看到这些图像时，就可能会对其造成巨大的伤害。心理学家和精神病专家的研究表明，这对儿童和青少年的性行为、攻击性和饮食失调都会产生负面影响，因为他们（有意识和无意识地）模仿了展示给他们的榜样，抑制了他们自身的健康发展。他们在心理和情感准备好之前就进行了性行为和性取向选择，这可能会使他们终生处于不健康的状态（Villani，2001年）。

品牌案例：令人震惊的广告和贝纳通案（Benetton case）

震撼广告是指"故意而不是无意地通过违反社会价值观和个人理想规范，使受众感到震惊和冒犯"。它依靠所谓的震惊策略，即通过使用冒犯性和图形化的图像（有时与副本文字相结合）来传达信息，所有这些都会使接收者处于不安的震惊、恐惧或排斥状态，从而立即获得关注。通常，这些图像充满了文化、宗教、政治或性禁忌，大声地宣示了那些没人愿意听到或看到的东西，但由于它们被置于公共领域，不可避免地受到关注。

"震撼广告"一词通常被认为是从20世纪80年代末和90年代初贝纳通令人震惊的时尚广告形象中来的。这些广告在许多国家受到批评，在德国不得不通过法院审查才能决定震撼广告是否能在公众场合使用。摄影师奥利维罗·托斯卡尼（Oliviero Toscani）是广告背后的策划者，他用独特的哲理设计了这幅图像。他展示了一只浸透在油里的鸭子，以强调人类对自然的污染以及那些无辜的动物所遭受到的痛苦；他展示了在病床上身患艾滋病的大卫·克里比（David Kriby）；他展示了第三世界国家的童工；他展示了前南斯拉夫阵亡士兵血迹斑斑的制服；他展示了一个新生的婴儿，身上覆盖着胎儿皮脂和鲜血，脐带还连着；他披露着阶级、肤色和种族。

批评这些图像的原因是它们故意操纵人们的情绪，利用人类（和动物）的痛苦来获得纯粹的经济利益和内心愉悦。然而，在德国等国家，这些基于言论自由和新闻自由的广告是被允许的。从那时起，只要震撼广告不冒犯人的尊严（被描绘的人没有受到嘲笑或羞辱）就认为它是被允许的。

随着震撼广告变得流行和合法，其他公司也纷纷效仿以提高人们的注意力，这里面不仅有著名的迪塞（Diesel）、卡尔文·克莱恩（Calvin Klein）、FCUK、美体小铺（The Body Shop）等时尚品牌，还有一些慈善机构、非营利组织和人权活动家。

巴纳多（Barnardo）的"儿童贫困运动"（2003年）平面广告也是一个备受争议的案例，该广告在收到330项投诉后被广告标准局禁止。这则广告展示了一个小婴儿嘴里爬出一只看似活生生的大蟑螂，"这被视为许多贫困儿童的隐喻"（Noel，2010年）。

巴纳多为"儿童贫困运动"广告道歉。"如果你个人对这些图片感到不满或冒犯，那么我们深表歉意。话虽如此，我们认为我们有责任确保这个国家的儿童贫困问题不再被忽视，这也是我们制作如此具有冲击力的广告的原因"（Cozens，2003年）。

这里的问题（以及大多数广告中的问题）是一个纯粹的道德问题：是否值得用"具有冲击力"的图像来吸引公众的注意，即使是出于正当理由？这个正当理由能弥补这些图像在社会中造成的危害吗？不能以更负责任的方式获得关注吗？

身体和心灵不适

时尚圈的震撼广告可以成就一个美好的世界吗？

时尚，不经意地创造了很多有关于审美的心理问题，比如自我怀疑的怪物、扭曲的自我认知、厌食症或贪食症等饮食失调问题。在奥利维罗·托斯卡尼（Oliviero Toscani）的帮助下，一场时尚运动试图为它造成的伤害提供解药。

托斯卡尼是一位艺术家，他认为无论是在艺术领域还是在时尚杂志上，禁忌都应该被打破。他想刺激人们并测试极限在哪里。在一次采访中，他回忆起他与贝纳通的合作，指出大多数经理和决策者都感到被冒犯或尴尬，但最终还是给予了他作为艺术家的自由。

　　关于厌食症，他说：我对厌食症很感兴趣。关于它的话题大都是想要消失，变得隐形，不想依赖。这种病有很多有趣的含义。起初，我拍摄了一部关于厌食症的短片，后来，我开始拍摄厌食症患者的肖像。在某个时候，一家服装公司联系了我。

托斯卡尼与时尚品牌诺丽塔（Nolita）合作，让病态的患有厌食症的伊莎贝尔·卡罗（Isabelle Caro）作为模特，共同发起了一场宣传活动，以提高人们对这种疾病的认识。伊莎贝尔·卡罗把提高人们对她所患疾病的认识作为她一生的使命，但厌食症还是让她在很年轻的时候就去世了。在广告宣传活动中，展示着她的裸体，上面写着"没有厌食症"和商家的品牌标识。但当他们在罗马和米兰放置广告牌时，这引起了轩然大波，广告自律协会（IAP）禁止了这一广告宣传活动。

　　他的工作与针对快餐连锁店提起的法律诉讼形成了鲜明对比，快餐连锁店因其高脂肪、高加工和高热量的菜单而导致儿童和成人肥胖，广告中对其危害性进行了淡化或忽略。但与饮食有关的健康问题的两个极端都是由广告推动的，无论是通过骨瘦如柴的模特的宣传图片还是琳琅满目的菜单。

采访：吉恩·基尔伯恩（Jean Kilbourne）

　　吉恩·基尔伯恩因其在广告中女性形象方面的开创性工作以及对烟酒广告的批判性研究而受到国际认可。20世纪60年代末，她开始探索广告与若干公共卫生问题（包括对妇女的暴力行为、饮食失调和成瘾）之间的联系，并发起了一场提高媒体素养的运动以此来预防这些问题。这种方法在当时是一个激进和独创的想法，现在已成为主流，并且是大多数预防计划的组成部分（图9.2）。

　　问：时尚广告和媒体传播总的来说是完美的：美丽的模特，漂亮的衣服，优美的环境构成了一个梦幻的场景。它包括妇女、男人和儿童。你如何看待时尚和广告业所推给我们的梦想？

　　答：有研究表明它是有害的，它会影响自尊。这对女性尤其有害，因为

图9.2 吉恩·基尔伯恩

尽管男性比过去更加客体化，但男性仍然没有那种要求外在形象的压力，而对女性来说却存在这种压力。Photoshop的出现改变了一切，互联网也改变了一切，因为现在女人和女孩都把图像放在网上，所以压力甚至比过去更大而且更具有破坏性。

许多人认为广告是微不足道的，因此它并不重要。然而我一直认为它不是微不足道的，它实际上对我们的影响是非常深远的，而且在许多方面都是非常消极的。早在20世纪60年代末，我是第一个以这种方式来谈论这个问题的人。我在1979年拍摄了电影《温柔地杀死我们：广告中的女性形象》。从那时起，我对该电影进行了三次重制，最新版本是在2010年制作。我一直在不断更新它，它在全世界都得到了广泛的应用。

问：你可能已经看过近期那些显示不完美的时装形象了。时尚品牌使用的模特有各种体型，可能有残疾、色素沉积偏差等。品牌正在打着社会包容的旗号进行销售。你认为时装广告是否必须表现出社会排斥才能保持理想？

答：有两件事我要说，首先我认为广告展示女性的各种体型是非常重要的，因为目前基本上只有一种体形被认为是可取的。即使是"大码"模特也仍然比普通美国女性瘦。我认为展示各种各样的身体和颜色是很重要的，而且会带来影响。

当然，我也认为大多数广告商都是为了公关。他们这样做是为了向消费者展示他们的时尚和开放，所以我不认为他们这么做是出于内心的善良。

但我不在乎，因为重要的是我们看到了更多元化的美丽，到目前为止，我们只有一个对美的定义，它排除了大多数女性，这确实使女性和女孩对自我感觉产生了影响。我认为推动广告更加多样化、更具包容性、更能代表真实人物才是好事。

在我看来，时尚界的人会对与不同体型的模特合作感兴趣，而不是拘泥于这种有限的形象。这也是一个令人兴奋的机会，让孩子们有更广泛的选择。

问：一个非常重要的话题：儿童。广告诞生至今已经有很长一段时间了，现在仍然在采用儿童模特。他们把儿童性化，并在不适当的场合展示他们。你对在时尚运动中采用儿童模特有什么看法，比如 AA 美国服饰在其宣传活动中使用了自称是变性儿童的布伦丹·乔丹（参与宣传活动时才 15 岁），未来的广告业应该如何看待儿童性化？你对此有何看法？

答：我在 1979 年的原版《温柔地杀死我们》中谈到了儿童的性化，并写了一本书叫《这么性感这么早》（ *So Sexy So Soon* ）。所以，我认为这是一个很大的问题。在大多数情况下，我不赞成立法或类似的事情，但我认为应该对广告商施加巨大的压力，让他们不要这样做，不要让儿童性化，而且可以用法律指导。但大多数的改变都是因为公众的压力，通过消费者的抗议而发生的。当然，在足够多的人意识到这是一件非常糟糕的事情时，这种情况就不会发生。

人们必须直视它、认真对待它并意识到这对儿童是有害的。研究表明，这类广告的确对儿童有害。在我的网站上有一个资源列表，其中包括一份美国心理协会关于广告中女孩被性化及其危害的报告。不同的国家有不同的规定。在美国，由于言论自由以及把公司当人一样对待等原因，很难对广告施加任何限制，但在其他国家则更为可能。

我认为这是广告中最严重的问题之一。当孩子被性化后会发生什么？首先，使儿童性化成为常态，就会鼓励恋童癖同时也鼓励人们责怪受害者。几年前，一个小女孩遭到性侵犯，美国的一位法官就说她很有诱惑力。她才五岁。把孩子性化也会伤害孩子，因为这会鼓励他们把自己当成性感对象，这会造成巨大的伤害。

这个问题是时尚广告中最严重的问题之一。需要采取多管齐下的方法，包括消费者教育、尽可能多的指导方针、一些立法以及更多人大声说出"这不好，必须停止"。

问：让我们来谈谈"震撼广告"，它是随着奥利维罗·托斯卡尼为贝纳通发起的颇具争议的广告活动而首次进入时尚界的。一方面，他在包容性方面确实走在时代的前面，他把黑人、白人和亚洲模特等所有人都聚集在一起。但与此同时，他使用非常敏感的图像和令人震惊的东西来销售五彩斑斓的毛衣。

答：这就是问题所在。问题不在于图像本身，因为它们通常是我们应该看到并应该意识到的图像，而问题在于它们与购买物品相关联时。正如你说的，垂死的艾滋病患者与五彩斑斓的毛衣，他们彼此间有什么关联？对我来说，这只是将整个问题变得微不足道，并利用我们的情感来向我们推销一些东西。问题不在于图像，而在于它的用意，它是在向我们销售商品时使用的。如果这些图像被用来向慈善机构或类似的机构捐款，那将是另一回事了，但这些图像是可以影响我们情绪的，最终它也可以使我们对这些问题置之不理。如果我们被这些用来向我们推销产品的图像所包围，那么，我们会适应它们，它们就不再震撼，这便成了一个问题。

你听说过"同情疲劳"这个词吗？当人们被图像淹没，然后对它们感到麻木时，就会发生这种情况。它不仅会发生在广告上，甚至会发生在我们的日常生活中。当我们硬着头皮面对这些现实时，这对我们的社会是危险的。

问：时尚广告的视觉传达通常会呈现出女性（有时甚至是男性）怪异、奇怪和离奇的图像，其中有暴力（如2007年杜嘉班纳极具性意味和争议性的广告，其中四个男人站着跨过一个躺在地上的女人）或者被"切分"的身体部位。你怎么看待广告中女性被简化为几个被"切分"的身体部位，没有脸，没有声音，没有力量，沉默寡言的？

答：这些图像通常是暴力的，这当然是一个大问题。使用这样的暴力图像，尤其是当暴力被色情化而变得性感的时候，就会造成巨大的伤害。它会使得对妇女的暴力行为常态化，使得陈规刻板观念永久化，也使人们更有可能责怪受害者。

问：我的最后一个问题是关于时尚营销专业人员的未来。他们将销售时尚、创建广告活动以及在市场营销中与品牌合作。你有什么要传达给他们的信息吗？他们要怎样才能确保做好自己的工作，尤其是在面对那些业务目标的压力下。但与此同时，学生们考虑道德问题，他们希望保持自己的道德操守并问心无愧。你会给他们怎样的建议？

答：我建议的一件事是他们要找到盟友，即找到其他和他们有共同愿望的人，因为独自做到这一点很难。这就是为什么3%的项目如此重要——因为广告公司的男女员工聚在一起说："我们不想再这样做了。"所以这是一点。此外，拥有盟友和加入这样的团体有助于完善自己的观点。

另外，这些问题应该在时装学院、商学院中提出，所有提出这些问题的学院都应该有很强的道德理论。我经常对我的听众说："在你有抵押贷款之前问问自己这些问题。想一想，在你陷入一份你无法承受的工作之前，你想做什么。"所以要尽早提出这些问题。

当广告商或者至少是那些有权力的人，几乎都是男性的时候，我会说："把你母亲的脸、你女儿的脸、你姐姐的脸、你妻子的脸放进这个广告里，你对此有何看法？"现在有更多的妇女在这个领域有权威（尽管仍然不够），但还是要扪心自问："如果这是你的女儿、你的儿子，你会有什么感觉？"所以，要让广告变得更人性化、真实化、个性化。

当我向广告受众演讲时，我经常说如果你销售产品的唯一方法就是剥削和减少人们的利益，那你的产品又有什么意义呢？思考一下你到底在卖什么是很重要的。在时尚界，有一件事是非常向好的，那就是不仅有更多样化的模特，而且有针对不同体型的更大范围的时装。因为目前时尚是为那些身材高瘦窄的女性设计的。让我们重新设计时尚，让所有的男人和女人都觉得更有魅力。这为时尚界和学生们打开了一扇通向更多创造性和可能性的大门。

监管机构

广告业从成立之初就已经走了很长一段路，无论是在限制它的法规方面，还是在围绕它展开的社会规范方面。重要的是要明白，品牌和强大的广告业并不能完全控制它们所传播的信息。个人有权投诉，鉴于多种理由，主管部门会认真对待投诉并召回广告。广告被包括儿童在内的不同人群观看，这些人来自不同的种族和宗教，对广告内容的敏感度或容忍度各不相同。为了社会的利益，并非所有的东西都可以公开展示。

广告被召回的原因往往是内容不当、儿童性化、妇女地位低下、性别歧视和种族主义、猥亵、谎言或虚假广告。在时尚行业，当女性为了推销一种美容产品而过度拍照时，往往会发生这种情况。

那么谁该介入，又能做些什么呢？

首先，有法律可以禁止非法广告。

然而，许多广告可以通过法律限制，但仍然有害于社会，所以，在这种情况下，需要广告监管机构介入。

例如，欧洲广告标准联盟（EASA）是欧洲各国广告自律协会的协调中心。

在它的管辖下，每个国家都有监管机构：

奥地利——Österreichischer Werberat

比利时——Jury d'Ethique Publicitaire

捷克共和国——Rada Pro Reklamu – RPR

丹麦——ReklameForum

芬兰——Liiketapalautakunta – LTL

法国——Bureau de Vérification de la Publicité – BVP

德国——Deutscher Werberat – DW

德国——Zentrale zur Bekämpfung unlauteren Wettbewerbs

希腊——Enossi Diafimistikon Etairion Ellados – EDEE

匈牙利——Önszabályozó Reklám Testület

爱尔兰——Advertising Standards Authority for Ireland – ASAI

意大利——Insituto dell'Autodisciplina Pubblicitaria – IAP

立陶宛——Lithuanian Advertising Bureau

芬兰——Stichting Reclame Code – SRC

波兰——Rada Reklamy (RR)

葡萄牙——Instituto Civil da Autodisciplina da Publicidade – ICAP

斯洛伐克——Rada Pre Reklamu – RPR

斯洛文尼亚——Slovenska Oglasevalska Zbornica – SOZ

瑞士——Commission Suisse pour la Loyauté / Schweizerische Lauterkeitskommission – CSL/SLK

英国——Advertising Standards Authority – ASA

以英国的ASA为例，在企业和个人投诉后采取行动保护消费者，禁止具有误导性、有害性、冒犯性或不负责任的广告。

仅在2017年，ASA就解决了29000多宗涉及近16000宗广告的投诉，另外还主动解决了5425宗个案，共有4584宗广告被更改或删除（ASA，2018年）。

感官超负荷：广告无处不在

很少有时尚品牌选择退出广告。据报道，顶级快时尚零售商飒拉仅将其收入的3%用于广告宣传。那么，飒拉是如何在没有这些广告的情况下保持成功的呢？零售商有一个完全不同的战略，建立在对商品、主要零售地点和美丽的内饰上进行人为限制。由于飒拉复制了那些充分宣传的奢侈时尚品牌，因此，可以假设飒拉通过以低于原价的价格出售廉价的仿制品来获得利益。然而，消费者不会感觉到来自飒拉的广告轰炸，就像许多其他品牌的广告一样，用不健康的信息围绕着我们并且攻击我们的感官。

雷蒙德（Raimund，2008年）指出，《十诫》（ *10 Commandments* ）仅包含279个单词。卡斯特罗和刘易斯（Lewis，2011年）补充说，林

肯（Lincoln）的《葛底斯堡演说》（*Gettysburg Address*）只有266个单词。然而在日常生活中，无论是在公共场合还是在我们的私人生活中，我们每天都会被成千上万的广告信息轰炸。这不仅会造成本章所讨论的心理伤害，还会通过大量不必要的信息对我们的幸福生活产生直接的负面影响。现在感官超负荷是一个广为人知的术语，心理学家和医生认为它会导致身体和心理上的消极状态，如心率、血压和呼吸加快，出现焦虑、困惑、不安、攻击性、悲伤感、躁动或不稳定的行为，直至精神崩溃、神经系统出现问题甚至癫痫发作（在自闭症等易感人群中，这些情况更容易发生）。在营销方面，当品牌之间为了吸引和接触到顾客而相互竞争时，他们就会通过过量广告造成感官伤害，甚至更糟的是，消费者就会对大量信息变得漠不关心，这是一种自我保护的心理方式，使营销信息在一定程度上失效。

现在的问题是，市场营销和广告信息的轰炸是我们应该接受的还是应该修正的。如果突然没有了广告，城市的街道会是什么样子？人们如何了解产品或趋势？有一些地方为了人民的利益或出于政治意识形态的考虑而选择修改刺激感官的数量。

品牌案例：没有广告的地方——圣保罗、格勒诺布尔和朝鲜

因为某些原因，政府和市长介入了监管广告：圣保罗、格勒诺布尔最近为了人民的利益而禁止了户外广告，城市居民和企业主都对此做出了积极反应（图9.3）。

圣保罗：一个拥有超过1100万居民的城市，每个人都可以在街上行走而不受广告信息的轰炸。2006年，圣保罗的民粹主义市长吉尔贝托·卡萨布（Gilberto Kassab）通过了所谓的"清洁城市法"，禁止使用所有户外广告，包括广告牌、交通工具以及商店门前广告。整个城市一共有15000个户外广告位被拆除。

由于当地企业和市民担心这项禁令将造成1.33亿美元的收入损失和2万人的失业，这一举措的实施显得犹豫不决。然而自那以后，这座城市一直兴旺发达，70%的城市居民支持这项禁令（Cutis，2011年）。

图9.3   2016年巴西圣保罗的夜晚没有任何广告牌和醒目的广告（图片来源：Pixabay）

格勒诺布尔：埃里克·皮尔（Eric Piolle）自2014年起担任法国格勒诺布尔市市长，他不仅梦想着建立一个绿色可持续发展的未来城市，他还采取行动消除视觉污染。该市决定不再与德高（JCDecaux）续签广告合同，而是拆除了326块广告牌（图9.4）（Dejean，2014年）。

朝鲜几乎是一个"无广告"的环境，唯一允许的广告类型是政治宣传。

建筑师菲利普·莫伊泽（Philipp Meuser）于2011年在平壤编辑了第一本建筑指南，他分享了自己对无广告街道的看法。

在有些不同制度的国家中，可以不受干扰地感受建筑和城市规划——既没有广告标志，也没有华丽的霓虹灯广告牌。我们看到的设计和建造是在实验室条件下进行的。从建筑的角度来看，无论这座无污染的城市多么迷人，其裸露的面貌都显示出一种极度极权主义的状态。没有广告的地方也没有竞争。广告牌被手绘的宣传海报所取代，这些海报确实需要大量的艺术专业知识。尽管看起来很不错，但内容却一点都没有趣味，比如"我们的意识形态，我们的战斗精神，我们的生活方式——让一切都按照我们祖先的旨意去做吧！"或者"一个强大的国家——让我们恢复我们祖先光辉的过去！"这些

图9.4 法国格勒诺布尔，一个禁止大多数户外广告的城市（图片来源：Pixabay）

呼吁在其他国家被认为是激进政党的号召（图9.5）。然而，由于街道上密密麻麻地挂着这样鼓舞士气的标语（类似于西方的广告标志一样），我们只能猜测它们不会在那些匆匆经过的人群中留下印记（Meuser，2016年）。

朝鲜真的没有广告吗？据英国广播公司（2016年）报道，"在过去十年左右的时间里，平壤有广告的唯一证据就是为数不多的平和自动车（Pyonghwa Motors）的广告牌，它们借用了国家宣传活动中的流行口号（Abrahamian，2016年）。

但是，这个国家似乎正在慢慢地意识到消费主义的新纪律，他们把这种纪律理解为对消费品的宣传。

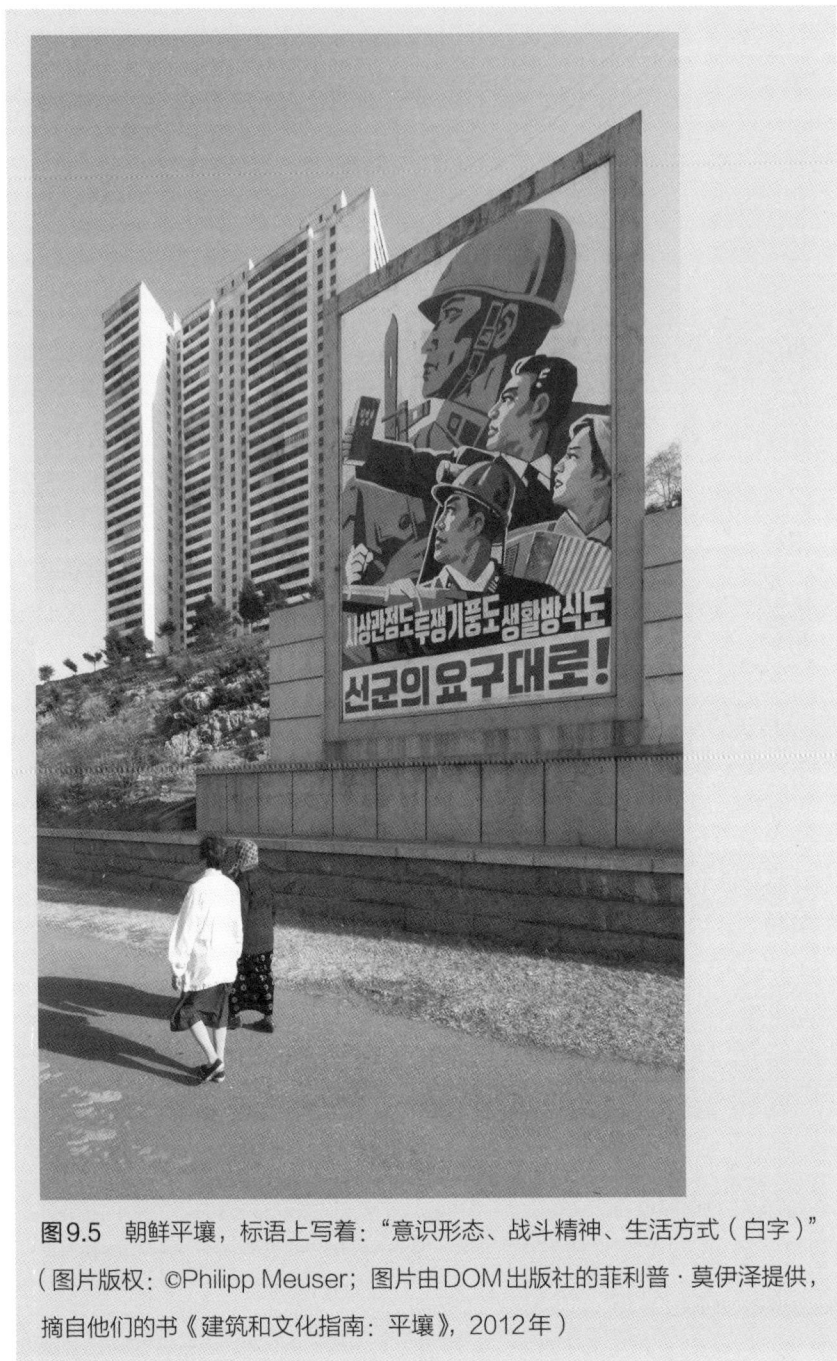

图9.5　朝鲜平壤，标语上写着："意识形态、战斗精神、生活方式（白字）"
（图片版权：©Philipp Meuser；图片由DOM出版社的菲利普·莫伊泽提供，
摘自他们的书《建筑和文化指南：平壤》，2012年）

采访：叶夫根尼娅·萨贝尔尼科娃（Evgeniya Sabelnikova）

　　叶夫根尼娅·萨贝尔尼科娃是20世纪70年代和80年代俄罗斯最大的电影制片厂里著名的电影明星，包括莫斯科电影制片厂，共主演了超过23部电影，并担任了更多电影的配音演员。她还是苏联最著名的时装店模特之家（Dom Modeley）的模特（图9.6）。

图9.6　1970年代俄罗斯女演员叶夫根尼娅·萨贝尔尼科娃的照片

　　问：有没有消费品的广告？

　　答：电视上没有，广播上没有，印刷媒体上也没有，期刊为零。只有罕见的广告牌广告，在海报上印着："苏联民用飞机！"（Fly Aeroflot）。但是，当苏联民航总局是整个国家唯一的国有航空公司时，你还可以搭乘什么飞机呢？人们过去常拿这类广告开玩笑。在克里米亚或索契有一些度假广告，模仿了其他国家，但除了那里，人们还能去哪里度假呢？

　　但是有一本名为《女工》（*Rabotnica"Работница"*）的杂志，是为职业妇女谋福利的杂志，创刊于1914年，杂志中利用插图和照片介绍了当时的穿着和时尚。它还报道了正在缝制衣服的苏联工厂，但每个人都知道它们很糟糕。

问：除了杂志外，人们怎么知道什么是时尚呢？

答：有三到四种非官方的且难以启齿的方法可以找到答案。

首先是政治类型的电视节目，以一种纪录片的形式，报道了资本主义国家人民的悲惨生活，其中有很多批评和政治议程。他们展示了法国、英国、美国等资本主义国家的繁荣景象，并用3~5分钟的镜头展示了遭受资本主义折磨的穷人，如纽约街头的失业者等，每个人特别是妇女都观看了这个节目。有人会惊呼："看看纽约街头那个失业的家伙穿的夹克，那是一件很棒的夹克。"或者："看看巴黎的女人们——看那裙子，那剪裁了吗？我们可以做到这一点。"女人们看节目是为了了解什么是流行时尚，然后她们会模仿这些款式并在家里缝制。

后来有一天，突然间，《布尔达》（Burda）的发行量非常有限。它的价值堪比黄金，如果你有这本杂志，你就是女王！你不仅得到了时尚的图案，而且得到了要缝制的图案。我们的商店里有很多很棒的布料，而且价格不贵。所以女人们买了布料自己缝制。《布尔达》杂志因此变得很受欢迎。

另一种方法是通过朋友，让能到国外去的为数不多的人带回邮购目录。这些杂志要么以很高的价格转售，要么放在家里，如果朋友们愿意的话，可以一整天来看杂志。杂志里不仅有时尚，还有内饰。

问：你曾在莫斯科著名的时装店模特之家做过模特，你能详细介绍一下吗？

答：是的，只有圣彼得堡和莫斯科是苏联时尚的中心。这是俄罗斯与全球时尚竞争的方式，与国外的时装秀相似，以显示我们和资本主义国家一样富有创造力和繁荣。

通常，外国人会被邀请参加时装秀，来看看我们的女性有多漂亮，她们穿得多好。就像在西方一样，普通人是不能进去看演出的。

图9.7、图9.8来自叶夫根尼娅·萨贝尔尼科娃的个人档案。

图9.7 叶夫根尼娅·萨贝尔尼科娃20世纪60年代在俄罗斯圣彼得堡的高中舞会上的合影

图9.8 叶夫根尼娅·萨贝尔尼科娃20世纪60年代在俄罗斯圣彼得堡的高中舞会上的个人照片

其他出席者包括政治精英和演艺界的顶尖精英，如演员、歌手等。他们被允许来观看演出，但需要获得特别许可才能订购服装。这些衣服是由非常有才华的设计师设计的，像斯拉娃·扎伊采夫（Slava Zaitsev），她是20世纪70年代的顶级时装设计师，现在已经闻名世界。

延伸阅读

Blasberg, D.(2014) Harper's Bazaar, Marc and Sofia: The Dreamy Team.Available at: www.harpersbazaar.com/ fashion/ designers/ a3169/ marc- jacobs- sofi a- coppola- 0914/.

Carter, C.and Steiner, L.(2004) Critical Readings: Media and Gender.Maidenhead: Open University Press (McGraw- Hill Education).

Chomsky, N.(1998) Profi t over People: Neoliberalism and the Global Order.New York: Seven Stories Press.

Cortese, A.J.(1999) Provocateur: Images of Women and Minorities in Advertising.Boston: Rowman & Littlefield.

Cull, N.J., Holbrook Culbert, D.and Welch, D.(2003) Propaganda and Mass Persuasion: A Historical Encyclopedia, 1500 to the Present.Santa Barbara: ABC- Clio Inc.

Ellis, N., Fitchett, J., Higgins, M., Jack, G., Lim, M., Saren, M.and Tadajewski, M.(2011) Marketing: A Critical Textbook.London: Sage Publications.

Goffman, E.(1976) Gender Advertisements.New York: Harper Torchbooks.

Hlynsky, D.and Langford, M.(2015) Window- Shopping through the Iron Curtain.London: Thames & Hudson.

Kelso, T.(2018) The Social Impact of Advertising: Confessions of an (Ex-)Advertising Man. Lanham,MD: Rowman & Littlefi eld Publishers.

Kilbourne, J. (1999) Can't Buy ME Love: How Advertising Changes the Way We Think and Feel.New York: Touchstone.

Klein, N.(2010) No Logo. 10th anniversary edn.London: Fourth Estate.

Levine, D.L.and Kilbourne, J.(2009) So Sexy So Soon. New York: Ballantine Books Inc.

Meuser, P.(ed.)(2012) Architectural and Cultural Guide Pyongyang.Berlin: DOM Publishers.

Miles, S.(1998) Consumerism: As a Way of Life. Thousand Oaks, CA: SAGE Publications.

Sheehan, K. (2013) Controversies in Contemporary Advertising.2nd edn.Thousand

Oaks,CA: SAGE Publications.

Taflinger, R.F.(2011) Advantage: Consumer Psychology and Advertising. 1st edn. Dubuque,IA: Kendall Hunt.

The United Nations of Photography.In Coversation: Oliviero Toscani.Available at: https:// unitednationsofphotography.com/ 2016/ 01/ 25/ in-conversation-oliviero-toscani/.

Williamson, J. (1978) Decoding Advertisements: Ideology and Meaning in Advertising. London:Marion Boyars.

Winship, J. (1987) Inside Womens's Magazines. London: Pandora.

时尚营销的未来： 10
趋势与机遇

章节主题

- 时尚旋转木马 173
- 什么是趋势预测 176
- 需要注意的趋势 178
- 采访：罗杰·特瑞德烈（Roger Tredre）谈趋势 181
- 一个理想的未来 185
- 延伸阅读 186

时尚旋转木马

"时尚旋转木马"是对时尚系统周期性特征的一种形象化的表现，这种循环性在不断变化的同时，也在旋转和循环利用过去的创意（图10.1）。

旋转木马包括纺织品、设计、生产、零售、营销、媒体和技术等元素，其他元素还包括文化、历史、政治和经济。在每一个时代，某些趋势都是非常突出的，当我们回顾历史时，我们会重新审视它们，并在现代重温其中的许多趋势。例如，在过去的2000多年里，像垫肩这样的时尚产品有着不同的用途（和材料）：

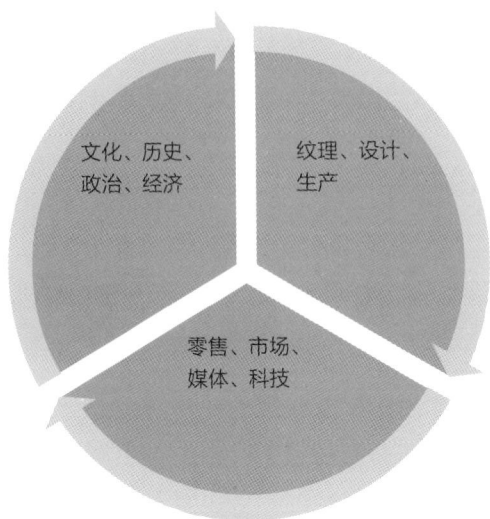

图10.1　时尚旋转木马（作者的原创插图）

　　它们是罗马百夫长礼服的一部分，后来出现在中世纪的男士盔甲套装中，17世纪末的欧洲军装上也出现一种叫作肩章的外部肩垫。19世纪末，美式足球运动员得到了垫肩的保护，以防受伤。在20世纪30年代，它们被引入了女装，后来在80年代利用垫肩塑造了女士西服套装的轮廓。2009年，奥利维尔·鲁斯汀（Olivier Rousteing）又一次为巴尔曼推出了一套强调肩部的系列服装。我们很可能会一次又一次地看到垫肩的流行。

迷你裙是另一种有趣的服装类型，在它的整个历史中，迷你裙从男性转移到女性，在20世纪表现最为突出，以至于创立了"裙摆指数"，建立了裙摆长度波动与政治、经济和社会事件之间的联系。

　　在过去的几个世纪里，男女都穿高跟鞋，代表着财富、社会地位和风格。现在主要归于女装，鞋跟的形状和大小会随着季节和鞋匠的变化而变化。

　　在20世纪20年代，图坦卡蒙墓被发现后，饰以珠宝、玉石和金属的古埃及紧身连衣裙变得非常时尚，并激发了卡尔·拉格斐在21世纪为香奈儿设计的灵感。

因为时尚关注、解释和表达社会、政治、经济、技术甚至法律（限制消费法）中的各种事件，所以，趋势和经济商业周期之间存在关联。

关于经济趋势的周期性和周期的长短有各种各样的理论，从几年到几十年不等。以下经济学家提出了不同长度的波动和周期，康德拉捷夫（Nikolai Kondratiev，54年，图10.2）、库兹涅茨（Kuznets，18年）、朱格拉（Juglar，9年）、基钦（Kitchin，大约4年），最后是奥地利经济学家约瑟夫·熊彼特（Joseph Schumpeter），他后来成为哈佛大学的教授，将所有这些理论整合在一起，使康德拉捷夫的理论引起了西方世界的注意。

图10.2　俄罗斯经济学家尼古拉·康德拉捷夫（1892~1932年），发明了"康德拉捷夫长波"（作者的原创插图）

最初的"康德拉捷夫长波"（有时称为K波或超级周期，有时拼写为Kondratief）是20世纪初俄罗斯科学家尼古拉·康德拉捷夫在俄罗斯发明的理论（表10.1）。

表10.1 康德拉捷夫长波

周期	周期时长	创新
第一个康德拉捷夫周期	1780~1830	蒸汽机
第二个康德拉捷夫周期	1830~1880	铁轨产业
第三个康德拉捷夫周期	1880~1930	电和化学品
第四个康德拉捷夫周期	1930~1970	石油化工产品，大量的生产和汽车
第五个康德拉捷夫周期	1970年至今	信息科技和电信
第六个康德拉捷夫周期	现在~将来	医学、健康和生物科技，后信息时代科技

康德拉捷夫长波是资本主义经济中的一个长期经济周期，被认为是技术创新的结果，在扩张阶段会产生长期的繁荣，但在某个阶段它会停滞，并最终导致经济衰退。这一周期或波动平均将持续40~60年。

尽管现代经济学家对这一理论是否准确和可接受持反对意见，但承认其有效性的经济学家们认识到这几种波动都与创新和社会变革有关。

自其发明以来，已经发现了五种不同的康德拉捷夫长波，讨论指向即将到来的第六波（Kenton，2018年）。

如果你回到第1章和第2章，你可以看到工业革命的发展和时装业经历的变化，并将它们与康德拉捷夫长波相比较。工业革命和随之而来的时尚产品生产与第一次康德拉捷夫长波并行。铁路和电力的革新有助于扩大广告和公共关系，而石油化工和汽车工业则加速并促进了全球时尚产品的生产和消费。随着数字媒体和设备的兴起，现代通信和消费实践与第五次康德拉捷夫长波相联系。最后，现代医学和健康以及生物技术的创新包括神经科学、人工智能和基因的研究，这些研究与时装业的最新趋势有关，如本章的后半部分所述。

什么是趋势预测

未来的时尚预测现在由专业公司提供，可以帮助企业发现模式和趋势，从而帮助设计师和营销人员在未来的竞争中定位自己。

从历史上看，这种形式的时尚预测可以追溯到工业革命（如第1章所述），该革命见证了服装和纺织品贸易的增长，并创造了更好地预测和设定即将到来的颜色和款式趋势的需求。

20世纪初，美国将法国及其色彩和纺织品的生产视为一种趋势指标，后来成立了美国纺织品色卡协会（TCCA），并告知品牌商和商店，生产和销售哪种颜色以满足广大顾客的需求。

到1930年，美国纺织品色卡协会在为各种时尚以及与政府相关的物品（如制服、缎带、奖章和旗帜）定义颜色和名称方面发挥了重要作用。又过了20年，美国纺织品色卡协会订阅业务的会员数量在国际上有所增长。这一扩张导致了行业特定趋势的产生和由这些行业赞助的色彩书籍的创建，并直接向单个公司提供咨询（Holland & Jones，2017年）。

在欧洲，从20世纪60年代起，法国时髦资讯公司（Promostyl）、巴黎娜丽罗获设计事务所（Nelly Rodi）和李·艾德尔考特的趋势联盟（Li Edelkoort，Trend Union）等机构应运而生，它们在色彩丰富且通常古怪的书籍中提供色彩、趋势和视觉预测。

后来又有其他机构，如20世纪90年代末的全球价值风格网络（WGSN，Worth Global Style Network）以及2000年后的趋势（Trendstop）和Stylus。所有这些机构都在国际范围内开展业务，并在世界各地设有全球办事处。

像法国第一视觉面料博览会（Premiere Vision）、意大利佛罗伦萨针织博览会（Pitti Filati）和法兰克福国际产业用纺织品及非织造布展览会（Techtextil）等这样的纺织博览会和展览也逐渐成为趋势的权威，现在帮助时装业通过深入了解被转化为服装的原材料趋势来为即将到来的季节做好准备。

然而，批评人士指出，全球价值风格网络及其潮流趋势预测的影响力如此之大，以至于他们提前几年预测了纺织品趋势，从而影响了纺织品制造商。从理论上讲，这意味着任何时尚品牌都将选择由全球价值风格网络指定的材料（Seto，2017年）。

全球价值风格网络在趋势报告和趋势预测方面确实是一个非常强

大的影响者。1998年，朱利安（Julian）和马克·沃思（Marc Worth）兄弟在伦敦创立了这家公司，其后迅速发展，并于2005年将所有者变更为母公司阿客仙（Ascential）。这项服务像大多数现代趋势预测机构一样着眼于对时装业的各种影响，如纺织品、色彩、时尚、时装秀、生活方式、室内装潢、化妆品、市场营销、消费者行为、零售和创新。

因此，当今的趋势预测必须关注社会、科学、技术、政治和消费者行为，因为最终时尚是所有这些因素的催化剂。分析这些时而悄然兴起的事态发展或大肆宣传的潜力，就有机会对未来做出有力的指导。

需要注意的趋势

神经科学和机器智能、情感与策展、Z世代和阿尔法世代、新兴市场和全球化、包容性和可持续性等发展可以说是时尚品牌应该注意的主要趋势。在它们不断发展的过程中，同样重要的是，在使用和应用这些进步方式时不应落后于道德方法（表10.2）。

表 10.2 需要注意的全球趋势时尚

类别	说明
神经科学与机器智能	神经科学是神经系统和大脑的现代科学，其中一部分旨在揭示其工作原理。这门科学可能服务的领域包括市场营销，试图利用人类的情感、情绪、记忆和冲动
	机器智能是发展人工智能（AI）的现代科学，机器可以通过收集和分析数据来制定决策，从而支持、复制甚至取代人类的智力相提并论。该科学可能服务的领域包括市场营销、零售和在线广告
	两者都已稳步进入营销领域，并且扎拉、瑞贝尔（Rigby & Peller）、普拉达、博柏利和拉夫·劳伦（Ralph Lauren）等一些品牌已将AI引入其他零售环境，营销实践以及广告。预计将会有更多的时尚企业整合AI，从而改变消费者与品牌互动的传统方式
情感与策展	神经科学已经表明，人类是由情感驱动的，许多决定是基于情感的，而不是我们大脑的理性部分。因此，营销人员可以利用消费者的情感将其与品牌联系起来并影响购买策划好的购物体验
	增强情感吸引力的一种方法是提供策划好的购物体验
	正如《剑桥词典》（2019年）所述，策展的定义是"选择要放在博物馆中被珍藏和作为艺术品收藏的产品，一个展览"，这在博物馆中是一种普遍的做法。但在过去的几十年中，它已应用于营销、零售以及在线环境
	消费者在离线状态下进入百货商店和旗舰店（例如博物馆），体验经过精心选择的对象显示，这些对象通常是交互式的
	一些概念店类似 10 Corso Como、现已关闭的 Colette 或丹佛街集市（Dover Street Market）等实现了文化空间、商业和展览空间的融合，从而确立了"酷"的趋势。在线网站的目标是提供同样的体验。根据埃利奥特·范布斯科克（Elliot van Buskirk, 2010)的说法，在线上空间中，消费者发现自己处在一个精心策划的环境中，比如 Spotify 负责策划音乐、脸书负责策划网络，或者新闻策划新闻
	未来可能会看到对策划广告情感品牌体验的进一步需求

续表

类别	说明
Z和阿尔法世代	继千禧一代之后，Z世代出生于1995~2009年，而更年轻的阿尔法的一代出生于2010年之后
	他们全部都是绝对的数码爱好者（现在的孩子们都坐在童车里玩苹果平板电脑）Z世代和阿尔法世代是市场营销人员非常感兴趣的目标群体，他们已经在研究这两个人口群体，从而了解如何向他们销售产品。这些年轻人员有全球性和国际化的特征，因为他们刚好出生在强劲的新兴市场
	各大品牌已经在努力挖掘和了解他们的未来消费者
新兴市场与全球化	巴西、印度、俄罗斯、中国（简称金砖四国）等新兴经济体正在崛起成功发达国家，这些国家有金融基础设施，GDP增长，成熟的产业或逐步工业化，社会稳定和整体高增长率
	对于老牌品牌来说，这是一项有利可图的投资，因为这些国家的中产阶级正在崛起，有很多顾客最近获得了更多的可支配收入，并渴望购买设计师品牌
	这一趋势提示了在新时期不同年龄组和人口统计数据中的消费者需求和消费支出
包容性	据《剑桥词典》（2019年版）称，包容是"一种努力包容许多不同类型的人，并公平平等地对待他们的品质"，也是时尚的一主要趋势。随着各大品牌囊括了各种尺寸、体型、种族和性别，这股潮流稳步囊括了许多行业，包括在历史上一直被高度排斥的时尚行业
可持续发展性	在包括环境、经济、社会层面和整体伦理层面应该创造一个理想的世界——那里生态员有完整性，社区可以繁荣发展，人权可以得到尊重 (McGill, 2019)
	可持续发展的趋势意味着消费者渴望拥有可持续发展的产品，并购买无负疚感的产品。同样，制造商和品牌必须证明他们的做法确实是可持续的
	然而，品牌传达的任何道德和可持续的做法都是值得怀疑的，消费者认识到事实可能会被扭曲，品牌可能"洗绿"并做出虚假声明

采访：罗杰·特瑞德烈（Roger Tredre）谈趋势

罗杰·特瑞德烈是一名记者、作家和讲师，任职伦敦中央圣马丁艺术学院时尚传媒文学硕士课程负责人。从1999年到2006年，他是潮流趋势预测巨头全球价值风格网络的主编。20世纪90年代，他担任了《观察家报》艺术栏目和《独立报》时尚栏目的记者。他还曾编辑过杂志《观点》，并为世界各地的杂志和报纸撰稿，从《名利场》到《国际先驱论坛报》《泰晤士报》《时尚》和《智族》。他还和贝格（Berg）合著了2009年出版的《伟大的时装设计师》(图10.3)。

1. 神经科学与机器智能

神经科学的最新发展为更有效地定位客户提供机会，而人工机器学习意味着我们可能会适应与智能机器、人形机器人或其他模拟生命的机器共同生活。在时尚界，零售巨头们多年来一直在使用机器智能算法来预测需求和定价。根据阿米特·沙玛的研究（Amit Sharma, 2016），如果零售商开始更像科技公司那样思考，使用人工智能和机器学习来预测如何储备库存和调动员工，以及动态地推荐产品并制订能够吸引个人消费者的价格，那么他们的境况会更好。

图10.3 罗杰·特瑞德烈

问：你认为这些技术进步对时尚的未来有哪些影响？

答：时尚界一直希望能更好地了解消费者，但时尚的波动性和不可预测性仍然挑战着人工智能和机器智能。也就是说，精心使用的这些技术可以大幅提高为合适的顾客设计合适的衣服的可能性。人工智能在大众时尚市场中扮演着重要的角色，但它永远不会完全取代直觉和许多趋势背后的机会因素，无论是微观还是宏观。

2. 情感与策展

对品牌广告进行情感化宣传意味着将其转化成为一种强大的机制，能够吸引观众，使其感到有必要在社交媒体渠道中分享广告，从而使广告成为一种病毒式的感觉。但是，如果人们自愿帮助一个品牌传播广告，这意味着什么呢？

情感在需要精心策划的空间方面也扮演着重要的角色：概念商店或精心策划的在线选择，以及复制文本，使购物更具有时尚体验性和吸引力。人们需要一个空间，从快节奏的生活方式中放松下来，而这些都是具有讽刺意味的商店。

问：似乎存在着一种矛盾的趋势，即消费者对品牌投入强烈情感，同时，他们也需要从品牌中释放情绪，讽刺的是，这往往是发生在同一个空间。你对此有何看法？

答：首先谈实体空间，如果品牌能在消费者放松或玩耍的过程中为其提供支持，那么就没有必要强行推销了。当我上午路过星巴克时，我知道我很有可能找到一个舒适的沙发并坐在上面查看电子邮件。买一杯卡布奇诺不是我的主要诉求，我有点儿情绪低落，去星巴克是为了体验愉快。如果零售商能给顾客在购买产品之外提供更多的来逛商店的理由，则毋庸置疑地会扩大客户群。通过社交媒体，品牌还可以通过挖掘和支持顾客的价值观来扩大自己的吸引力。当然，这存在着一定的风险，即消费者可能会对每一个寻求情感参与的品牌感到厌倦。很有意思的是，可以看看Z世代对这一切变得愤世嫉俗有多快。

3. 可持续性

目前，"绿色"潮流已经发展了许多年，吸引到了许多想要毫无愧疚感购物的消费者，不论是奢侈品、快时尚还是一次性时尚。品牌再也不能忽视时尚的黑暗面，特别是媒体持续在世界上最贫穷却每天都生产成吨衣服的国家发表侵犯人权或滥用危险化学物质的指控之后。

无论是快时尚的H&M，还是像古驰之类的奢侈品牌，都渴望证明其供应链符合独立检验机构必维国际检验集团（Bureau Veritas）的"SA8000"标准，它们的努力都显而易见。

问：时尚品牌如何迎合消费者的道德需求，又如何通过沟通做到这一点？你了解在对消费者进行"漂绿"时会有什么危险吗（即假装是可持续的，结果却被发现是假的）？

答：在我看来，消费者非常清楚具有所谓的"漂绿"的可能性，因为这已经发生太多次了。时装公司必须聘请一个非常高级的执行官来制定如何最好地保证道德的采购和可持续的生产。消费者和消费者施压团体的推动进程一直非常缓慢，令许多人对可持续时尚运动感到沮丧，但重要的一点是这股势头仍在形成。2018年，全球对塑料袋的认识提高，传播速度非常快，显示了媒体在传播信息方面的力量。除了使用社交媒体和店内展示之外，时尚品牌还可以更多地利用最基本的东西（如衣服上的吊牌）来传递可持续发展的信息。

4. 包容性

最近，芬蒂美妆（Fenty Beauty，蕾哈娜自创彩妆品牌）以歌手的姓氏命名这件事作为一个新事物而声名鹊起。然而，这并不是一个新的想法。像魅可(MAC)、欧莱雅、波比·布朗(Bobbi Brown)、兰蔻(Lancôme)和依曼(Iman)这样的品牌已经存在很久了。事实上，在1994年当芬蒂美妆的创始人蕾哈娜（Rhianna）只有6岁时，依曼（Iman）就因为选择的匮乏而创立了她的化妆品系列。

问：从中可以看出，在过去几十年里向消费者传达包容性并提供合适产品的趋势一直在缓慢增长，但在最近几年才出现爆炸式增长。现在，消费者是否期望品牌在包容性和多样性方面有立场？时尚真的可以包容吗？毕竟，这是一个非常注重苗条和美丽，往往还有白皙的皮肤，并有悠久的社会排斥历史的行业。

答：时尚经常利用社会排斥来激发消费者对产品的欲望，但千禧一代的人是很老练的，他们知道自己被玩弄的方式。鼓励社会包容性的品牌——转化为"品牌为民"的理念——可能会变得更加重要。

毫无疑问在我看来，重视和提供包容性和多样性对时尚品牌乃至整个社会来说都是长期的胜利。不是所有的时尚品牌都能为所有消费者服务，但精神和意图也很重要。在这方面，奥利维罗·托斯卡尼在20世纪80年代为意大利针织品牌贝纳通打出的联合色彩旗帜下的广告宣传活动远远超前于当时。我在托斯卡尼的黄金时代采访了他，他是个十足的煽动者，眼睛里总是闪烁着光芒。在贝纳通的任期结束时，他似乎已经精疲力竭了。

在未来，品牌甚至可能在全球政治格局中扮演一个政治角色：品牌广告不仅是一种销售产品的手段。希望看到勇敢的人在不自由的环境下为自由主义价值观挺身而出。

5. 新兴市场与下一代全球展望

时装营销人员必须面对的下一代人是Z世代和阿尔法世代，他们可能伴着对可持续性和包容性的理解而成长。在人工智能和新通信渠道还有电子产品的普及下成长，以及在情感化和教育化的消费主义形式的引导下长大，因此，使品牌通过正确的传播和营销方式进入这一群体至关重要。此外，这些年轻消费者将来自新兴经济体，这些新兴经济体会给品牌带来巨大的机遇，同时也带来了挑战。

问：你如何看待这个全球和年轻世界的未来？时尚品牌要想在未来蓬勃发展，必须考虑什么？

答：面临的挑战将是如何将情感、人类的"真实"和技术优势融合在一起与Z世代和阿尔法世代建立联系。中国城市和东南亚地区的年轻消费者在使用技术方面极为成熟，但也有人担心监控和缺乏隐私等问题，这可能会导致消费者更加谨慎。在购物中心或旗舰店的实体空间中，社交互动的价值和乐趣，将导致实体店卷土重来，新一代零售商将产品销售与娱乐和体验乐趣融为一体。

一个理想的未来

在许多语言中，表示"早晨"的单词与"明天"的单词非常相似或几乎相同。（在德语中"Morgen"的意思是明天，但它也意味着早晨）每一个早晨都是我们明天的开始，我们有责任让它成为一个好的明天。在每个历史时期，事情都在变化，情况有所改善或变得更糟。有时，这会带来一些改进或法规的制定，确保许多人有一个更美好的明天。既然我们只能预测未来的某些因素，那我们至少应该预测自己的行为和气节。

我们在市场营销和商业领域（包括时装业）中工作，总会不经意间被问到道德方面的问题。特别是从未来的趋势来看，我们对人类大脑功能研究的深入程度、人工智能是否会构成安全威胁、营销人员应该在多大程度上利用我们的不安全感来操纵情绪，一味地为了盈利而伤害自然和人民，这都取决于我们这一代人和下一代人的决定。

然而企业可以选择引入并遵守公平和负责任的做法。波特（Porter）和克莱默（Kramer，2011年）提出了一种基于创造共享价值（CSV）的商业模式，它改变了纯利润驱动的资本主义概念，而是将道德价值观纳入其核心。其理念是，健康的企业应该与周围的社区直接联系，并与之建立相互尊重和公平的伙伴关系。作者质疑公司以利润为导向的价值观："公司怎能忽视客户的福祉，忽视对企业至关重要的自然资源的枯竭，忽视关键供应商的生存能力，或其生产和销售所在社区的经济困境？"（Porter和Kramer，2011年，第64页）。

尽管一些更为常见的企业社会责任（CSR）元素已得到广泛认可，但创造共享价值概念并没有尽可能多地被引入市场营销和商业实践中，这主要是因为它在短期获利方面受到了挫折。巴塔哥尼亚、布鲁内洛·库奇内利、罗意威和斯特拉·麦卡特尼等时装公司都是将道德价值观纳入其业务核心的积极趋势引领者（图10.4）。在时装行业工作时，这也是个人选择的问题：分析和了解其历史、现状，并考虑为近期和长期的道德未来做出改进。

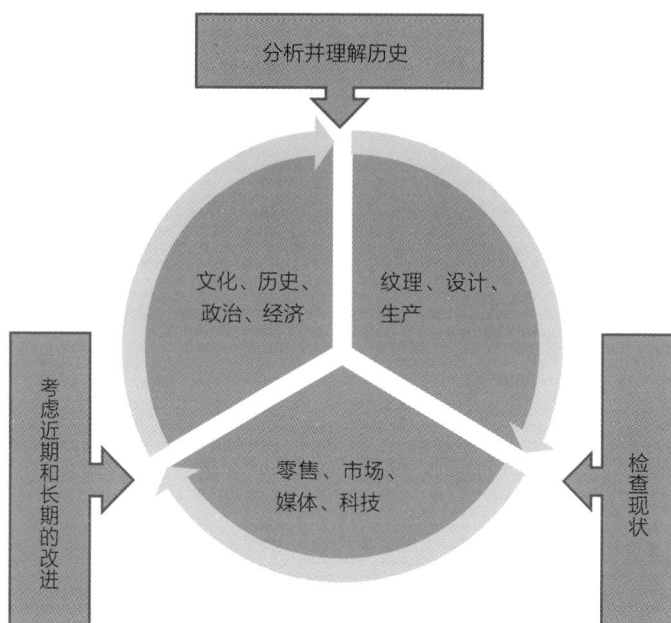

图10.4 从道德角度重新审视时尚旋转木马（作者的原创插图）

延伸阅读

Bartlett, D. (2013) Fashion Media: Past and Present. London: Bloomsbury Academic.

Coleman, R. et al. (2007) Design for Inclusivity: A Practical Guide to Accessible, Innovative and User-Centred Design (Design for Social Responsibility). Abingdon, UK: Routledge.

Holland, G. and Jones, R. (2017) Fashion Trend Forecasting. London: Laurence King Publishing.

Kondratiev, N. D. (2014) The Long Waves in Economic Life. Reprint of 1935 English Translation.Eastford, CT: Martino Fine Books.

Mason, H. (2015) Trend- Driven Innovation: Beat Accelerating Customer Expectations. John Wiley& Sons.

Murphy, P. E., Laczniak, G. R. and Harris, F. (2016) Ethics in Marketing. Abingdon,UK: Routledge.

O'Neill, M. (2017) The Future is Now: 23 Trends That Will Prove Key to Business and Life.London: Matt Publishing.

Porter, M. E. and Kramer M. R. (2011, January– February) The Big Idea: Creating Shared Value, Rethinking Capitalism. Harvard Business Review 89(1/2), 62 – 77.

Raymond, M. (2010) The Trend Forecasters Handbook. London: Laurence King Publishing.

WGSN www.wgsn.com/ en

Stylus www.stylus.com

Nelli Rody www.nellyrodi.com/ en

Trendstop www.trendstop.com.

参考书目及扩展阅读

4A's (2019) *Home Page – 4A's*. Available at: www.aaaa.org/ [Accessed 22 May 2016].

Aaf.org (2019) *WHO WE ARE | AAF*. Available at: www.aaf.org/iMIS/AAFMemberR/WHO_WE_ARE/AAFMemberR/Who_We_Are/Who%20We%20Are.aspx?hkey=40e639f5-03ef-4f0d-aee5-806cc047ae68 [Accessed 2 Jul. 2016].

Abrahamian, A. (2019) Rise in Advertising as North Korea Embraces Nascent Consumerism. *The Guardian*. Available at: www.theguardian.com/world/2016/jun/17/rise-in-advertising-as-north-korea-embraces-nascent-consumerism [Accessed 20 Jun. 2016].

Advertising Research Foundation (2019) *The ARF*. Available at: https://thearf.org/ [Accessed 20 Dec. 2016].

Airbus.com (2004) *Flight Operation Briefing Notes*. Available at: www.airbus.com/fileadmin/media_gallery/files/safety_library_items/AirbusSafetyLib_-FLT_OPS-HUM_PER-SEQ04.pdf [Accessed 6 Jul. 2015].

Akbareian, E. (2015) American Apparel's New CEO on Making the Brand Less Suggestive. *The Independent*. Available at: www.independent.co.uk/life-style/fashion/news/american-apparels-new-ceo-set-to-tone-down-the-brands-sexualised-imagery-10038459.html [Accessed 20 Jun. 2016].

Amos, C., Holmes, G. and Strutton, D. (2008) Exploring the Relationship between Celebrity Endorser Effects and Advertising Effectiveness: A Quantitative Synthesis of Effect Size. *International Journal of Advertising* 27(2), 209–234. DOI: 10.1080/02650487.2008.11073052

Amosa, A. and Haglund, M. (2002) From Social Taboo to "Torch of Freedom": The Marketing of Cigarettes to Women. *Tobacco Control* 9, 3–8. Available at: https://tobaccocontrol.bmj.com/content/tobaccocontrol/9/1/3.full.pdf [Accessed 12 Jun. 2016].

The ANDYs (2019) *About – ANDY Awards*. Available at: www.andyawards.com/about/ [Accessed 2 Jul. 2016].

Awasthi, A. K. and Choraria, S. (2015) Effectiveness of Celebrity Endorsement Advertisements: The Role of Customer Imitation Behaviour. *Journal of Creative Communications* 10(2), 215–234. Available at: https://doi.org/10.1177/0973258615597412

Bartlett, D., Cole, S. and Rocamora, A. (2013) *Fashion Media*. London: Bloomsbury.

Belfanti, C. (2008) Was Fashion a European Invention? *Journal of Global History* 3(3), 419–443.

Berlendi, C. (2011) *The Role of Social Media Within the Fashion and Luxury Industries*. Saarbrücken: Lap Lambert Academic.

Bischoff, W. (2006) *"Grenzenlose Räume"–Überlegungen zum Verhältnis von Architektur und städtischem Geruchsraum*, From Outer Space: Architekturtheorie außerhalb der Disziplin (Teil 2) 10. Jg., Heft 2, September 2006. Wolkenkuckucksheim – Cloud-Cuckoo-Land – Vozdushnyi Zamok Available at: www.cloud-cuckoo.net/openarchive/wolke/deu/ Themen/052/Bischoff/bischoff.htm [Accessed 20 Sept. 2015].

Boumphrey, S. (2015) Strategies for Consumer Market Success in China. Euromonitor Market Research Blog. Available at: http://blog.euromonitor.com/2015/08/strategies-for-consumer-market-success-in-china.html [Accessed 15 Mar. 2017].

Breward, C. (1994) Femininity and Consumption: The Problem of the Late Nineteenth-Century Fashion Journal. *Journal of Design History* 7(2), 71–89. Available at: www.jstor. org/stable/1316078 [Accessed 2 Jul. 2016].

Bruhn, M. and Köhler, R. (2011) *Wie Marken wirken*. München: Franz Vahlen.

Caird, J. (2016) "A Character That Will Live Forever": How We Made the Levi's Flat Eric Ads. *The Guardian*. Available at: www.theguardian.com/media-network/2016/mar/31/levis-flat-eric-advert-puppet [Accessed 6 Jun. 2016].

Carter, C. and Steiner, L. (2004) *Critical Readings: Media and Gender*. Maidenhead: Open University Press (McGraw-Hill Education).

Cartner-Morley, J. (2012) Victoria's Secret v Agent Provocateur: Lingerie Stores Turn Up the Heat. *The Guardian*. Available at: www.theguardian.com/fashion/2012/oct/23/ lingerie-agent-provocateur-victorias-secret.

Castro, R. and Lewis, T. (2011) *Corporate Aviation Management*. Southern Illinois University Press.

Claritas (2015) MyBestSegments. Available at: https://segmentationsolutions.nielsen.com/ mybestsegments/Default.jsp?ID=30&menuOption=segmentdetails&pageName=Segm ent%2BExplorer&id1=CLA.PNE [Accessed 7 Jan. 2017].

Collister, P. (2015) The Directory Big Won Rankings 2015. *The Directory*. Available at: www. directnewideas.com/bigwon/ [Accessed 9 Sept. 2016].

Cope, J. and Maloney, D. (2016) *Fashion Promotion in Practice*. New York: Fairchild.

Cortese, A. J. (1999) *Provocateur: Images of Women and Minorities in Advertising*. Boston: Rowman & Littlefield.

Cozens, C. (2003) Barnardo's Shock Ads Spark 330 Complaints. *The Guardian*. Available at: www.theguardian.com/media/2003/nov/24/advertising2 [Accessed 7 Jan. 2017].

Crestodina, A. (2018) Blogging Statistics and Trends: The 2018 Survey of 1000+ Bloggers. Available at: www.orbitmedia.com/blog/blogger-trends/.

Cull, N. J., Culbert, D. and Welsh, D. (2003) *Propaganda and Mass Persuasion: A Historical Encyclopedia, 1500 to the Present*. ABC-Clio Inc.

Cullers, R. (2012) Ikea "Regrets" Airbrushing Women Out of Its Saudi Catalog. *Adweek*. Available at: www.adweek.com/adfreak/ikea-regrets-airbrushing-women-out-its-saudi-catalog-144140 [Accessed 10 Jun. 2015].

Curtis, A. (2011) *Five Years After Banning Outdoor Ads, Brazil's Largest City Is More Vibrant Than Ever*. Center for a New American Dream. Available at: www.newdream.org/resources/sao-paolo-ad-ban [Accessed 3 Jun. 2016].

Dejean, M. (2014) *Pourquoi supprimer les pubs des rues? Le maire de Grenoble répond* 25/11/14 15h44 Les Inrockuptibles. Available at: www.lesinrocks.com/2014/11/25/actualite/suppression-pub-rues-grenoble-on-retrouve-lidentite-reelle-ville-11537533/ [Accessed 3 Nov. 2016].

Desmet, D. et al. (2015) Speed and Scale: Unlocking Digital Value in Customer Journeys. Available at: www.mckinsey.com/insights/operations/speed_and_scale_unlocking_digital_value_in_customer_journeys?cid=digital-eml-alt-mip-mck-oth-1511

Diamond, J. (2015) *Retail Advertising and Promotion*. New York: Fairchild.

Drury, G. H. (1985) *The Historical Guide to North American Railroads*. Milwaukee: Kalmbach Publishing Co.

DynamicAction (2015) Now You're Talking: Four Customer Segmentation Secrets Revealed by Agent Provocateur. Available at: www.dynamicaction.com/now-youre-talking-four-customer-segmentation-secrets-revealed-by-agent-provocateur/

Ellis, N. et al. (2011) *Marketing: A Critical Textbook*. London: Sage Publications.

Epstein, E. J. (1982) Have You Ever Tried to Sell a Diamond? *The Atlantic*. Available at: www.theatlantic.com/magazine/archive/1982/02/have-you-ever-tried-to-sell-a-diamond/304575/.

Fennis, B. M. and Stroebe, W. (2010) *The Psychology of Advertising*. Psychology Press.

Friedman, U. (2015) How an Ad Campaign Invented the Diamond Engagement Ring. *The Atlantic*, 13 Feb. Available at: www.theatlantic.com/international/archive/2015/02/how-an-ad-campaign-invented-the-diamond-engagement-ring/385376/ [Accessed 28 Aug. 2016].

Garber, M. (2015) "You've Come a Long Way, Baby": The Lag Between Advertising and Feminism. *The Atlantic*. Available at: www.theatlantic.com/entertainment/archive/2015/06/advertising-1970s-womens-movement/395897/

Goffman, E. (1976) *Gender Advertisements*. New York: Harper Torchbooks.

Grazia (2018) *Grazia*: An Eclectic Mix of Fashion, Beauty, Current Affairs and News that Celebrates Women. Available at: www.bauermedia.co.uk/uploads/Grazia.pdf [Accessed 1 Jan. 2019].

Higgins, D. (2015) Plan Ahead When Importing Goods to Your Doorstep. Available at: www.japanupdate.com/2015/01/plan-ahead-when-importing-goods-to-your-doorstep/

Hoang, L. (2016) Can Cost-Cutting Save Fashion Magazines? *Business of Fashion*. Available at: www.businessoffashion.com/articles/intelligence/cost-cutting-fashion-magazines-hearst-time-inc-conde-nast?utm_source=Subscribers&utm_campaign=ce6e732d6e-&utm_medium=email&utm_term=0_d2191372b3-ce6e732d6e-418254849

Holland, G. and Jones, R. (2017) *Fashion Trend Forecasting*. London: Laurence King Publishing.

Howley, C. L. (2009) Dressing a Virgin Queen: Court Women, Dress, and Fashioning the Image of England's Queen Elizabeth I. *Early Modern Women* 4, 201–208.

Jackson, T. and Shaw, D. (2009) *Mastering Fashion Marketing*. Basingstoke: Palgrave Macmillan.

Jhally, S. and Kilbourne, J. (1979) *Killing Us Softly: Advertising's Image of Women*. San Francisco: Kanopy Streaming, 2014.

Karolini, D. (2015) the6milliondollarstory. Available at: www.the6milliondollarstory.com/dont-crack-under-pressure-feat-cara-delevigne-for-tag-heuer/

Kawamura, Y. (2005) *Fashion-Ology: An Introduction to Fashion Studies*. New York: Berg.

Keaney, M. (2007) *Fashion and Advertising (World's Top Photographers Workshops)*.RotoVision.

Kendall, N. (2015) *What is a 21st Century Brand? New Thinking from the Next Generation of Agency Leaders*. London: Kogan Page.

Kenton, W. (2018, Feb.) Kondratieff Wave. Investopedia. Available at: www.investopedia.com/terms/k/kondratieff-wave.asp

KesselsKramer (2013) *Advertising for People Who Don't Like Advertising*. London: Laurence King Publishing.

Kilbourne, J. (1999) *Can't Buy ME Love: How Advertising Changes the Way We Think and Feel*. New York: Touchstone.

Kloss, I. (2012) *Werbung: Handbuch für Studium und Praxis*. 5th edn. München: Vahlen.

Kotler, P. (2012). Chicago Humanities Festival. Available at: http://chicagohumanities.org/events/2012/america/marketing-with-philip-kotler [from a conference recording] [Accessed 5 Jun. 2016].

Kotler, P. et al. (2009) *Marketing Management*. 13th edn. Harlow: Pearson Education Ltd.

Laird, P. (2001) *Advertising Progress: American Business and the Rise of Consumer Marketing*. Baltimore: Johns Hopkins University Press.

Lane, W. R., Whitehill, K. K. and Russel, T. J. (2008) *Kleppner's Advertising Procedure*. 17th edn. New Jersey: Pearson Prentice Hall.

Lea-Greenwood, G. (2012) *Gaynor: Fashion Marketing Communications*. John Wiley & Sons.

Lemelson, MIT. Massachusetts Institute of Technology. Available at: http://lemelson.mit.edu/resources/henry-ford [Accessed 18 Jun. 2016].

Levinson, J. C. (2016) Guerilla Marketing. Available at: www.gmarketing.com/index.php

Lewino, F. and Dos Santos, G. (2015) Les trois versions de "La Sortie des usines Lumière". *Le Point*. Available at: www.lepoint.fr/culture/les-trois-versions-de-la-sortie-des-usines-lumiere-27-03-2015-1916316_3.php [Accessed 23 Nov. 2016].

Life Magazine (1947) 14 Apr. 1947. Available at: https://books.google.de/books?id=ik0EAA AAMBAJ&pg=PA60&lpg=PA60&dq=adler%27s+elevator+shoes&source=bl&ots=Eti qRxsR9A&sig=w8pDcM2faZM-imh6ZtuvZR9iNfg&hl=en&sa=X&ved=0ahUKEwi9-f-jzdbNAhVK7xQKHdsxDHMQ6AEIcDAP#v=onepage&q=adler%27s%20elevator%20 shoes&f=false [Accessed 3 Jul. 2016].

London, B. (2015) As Celebrities Lead the Trend for Genderless Fashion, Selfridges Axes its Separate Women and Menswear Departments in Favour of Three Floors of Unisex Clothes. *Daily Mail*. Available at: www.dailymail.co.uk/femail/article-3002605/As-celebrities-lead-trend-genderless-fashion-Selfridges-axes-separate-women-menswear-departments-favour-three-floors-unisex-fashion.html [Accessed 28 Dec. 2016].

Macmillan Dictionary (2019) Propagate. Available at www.macmillandictionary.com/dictionary/british/propagate [Accessed 3 Jan. 2019].

Macmillan Dictionary (2019) Propaganda. Available at: www.macmillandictionary.com/dictionary/british/propaganda [Accessed 3 Jan. 2019].

Manral, K. (2011) The Difference between Above-the-Line and Below-the-Line Advertising. Available at: www.theadvertisingclub.net/index.php/features/editorial/3256-difference-between-above-the-line-and-below-the-line-advertising

Marketing-Schools (2012) Marketing with Celebrities: How to use Celebrities in Advertising. Available at: www.marketing-schools.org/consumer-psychology/marketing-with-celebrities.html [Accessed 7 Nov. 2015].

Mau, D. (2014) The 2014 September Issues by the Numbers. *Fashionista*. 23 Jul. Available at: http://fashionista.com/2014/07/september-issue-ad-pages

McGill (2019) *What is Sustainability?* Available at: www.mcgill.ca/sustainability/files/sustainability/what-is-sustainability.pdf

Merriam-Webster (2019) Ethic. Available at: www.merriam-webster.com/dictionary/ethic [Accessed 8 Feb. 2019].

Mintel (2015) 56% of Americans Stop Buying From Brands They Believe Are Unethical. Available at: www.mintel.com/press-centre/social-and-lifestyle/56-of-americans-stop-buying-from-brands-they-believe-are-unethical [Accessed 2 Aug. 2018].

Moore, G. (2012) *Basics Fashion Management: Fashion Promotion 02: Building a Brand through Marketing and Communication*. Lausanne: AVA Publishing.

Müller, S. and Gelbrich, K. (2015) *Interkulturelles Marketing*. Munich, Germany: Vahlen.

Muratodvski, G. (2011) The Role of Architecture and Integrated Design in City Branding. *Place Branding and Public Diplomacy* 8(3), 195–207.

Muratore, P. (2014) Ad People, Don't Get Stiffed by Dead Celebrities. *AdAge*. Available at: http://adage.com/article/cmo-strategy/marketers-beware-dead-celebs-ads/292427

Noel, C. P. (2010) Shock Advertising: Theories, Risks, and Outcomes Analyzed Using the Case of Barnardo's. *Inquiries Journal/Student Pulse*. Available at: www.inquiriesjournal.com/a?id=305

NRS (2015) National Readership Survey: Social Grade. Available at: www.nrs.co.uk/nrs-print/lifestyle-and-classification-data/social-grade/ [Accessed 20 Aug. 2015].

Nudd, T. (2016) Diesel Awkwardly Stuffs Every Online Obsession Into a New Global Ad Campaign. *AdWeek*,19 Jan. Available at: www.adweek.com/adfreak/diesel-awkwardly-stuffs-every-online-obsession-new-global-ad-campaign-169067

Oxford College of Marketing (2013) The Extended Marketing Mix: Physical Evidence. Available at: https://blog.oxfordcollegeofmarketing.com/2013/08/09/marketing-mix-physical-evidence-cim-content/ [Accessed 20 Nov. 2018].

Oyster (2011) Scott Schuman Makes Lots of Money and Hates Girls. *Oystermag*, 1 Oct. Available at: www.oystermag.com/scott-schuman-makes-lots-of-money-and-hates-girls#1RsX2TqmsjKk5qZL.99

Perlman, S. and Sherman, G. J. (2010) *Fashion Public Relations*. New York: Fairchild.

Posner, H. (2011). *Marketing Fashion*. New York: Laurence King Publishing.

Pouillard, V. (2013) The Rise of Fashion Forecasting and Fashion Public Relations, 1920–1940: The History of Tobe and Bernays, in Hartmut, B. and T. Kühne (eds.), *Globalizing Beauty: Consumerism and Body Aesthetics in the Twentieth Century*. Palgrave Macmillan, pp. 151–169.

Pravda (2007) Bomb Explodes at McDonald's Restaurant in St.Petersburg. *Pravda*, 19 Feb. Available at: www.pravdareport.com/news/hotspots/87528-mcdonalds

PRSA (2016) About Public Relations. Available at: www.prsa.org/aboutprsa/publicrelationsdefined/#.V3jWvKLdIq8 [Accessed 30 Aug. 2016].

Raimund, L. (2008) *Consumers: In a State of Sensory Overload*. Munich, Germany: Grin Verlag.

Rao, A. (2010) Second TVC for Cadbury Dairy Milk's "Shubh Aarambh" Released. *Campaign India*,6 Sep. Available at: www.campaignindia.in/article/second-tvc-for-cadbury-dairy-milks-shubh-aarambh-released/412695

Remy, N., Catena, M. and Durand-Servoingt, B. (2015) Digital Inside: Get Wired for the Ultimate Luxury Experience. McKinsey&Company, Jul. Available at: www.mckinsey.com/~/media/mckinsey/industries/consumer%20packaged%20goods/our%20insights/is%20luxury%20ecommerce%20nearing%20its%20tipping%20point/digital_inside_full_pdf.ashx [Accessed 11 Sept. 2016].

Rigby, D. K. (2015) Customer Segmentation. Bain & Capital, 10 Jun. Available at: www.bain.com/Images/BAIN_GUIDE_Management_Tools_2015_executives_guide.pdf

Ryan, P. (2016) A Brand Case Study: The Superdry Appeal. *The Branding Journal*. Available at: www.thebrandingjournal.com/2016/03/the-superdry-appeal/

Scheier, C. and Held, D. (2006) *Wie Werbung wirkt: Erkenntnisse des Neuromarketing*. Munich, Germany: Haufe Lexware Gmbh.

Scheier, C. and Held, D. (2012) *Was Marken erfolgreich macht: Neuropsychologie in der Markenführung*. Munich, Germany: Haufe Lexware Gmbh.

Seto, F. (2017) How Does Trend Forecasting Really Work? *High Snobiety*, 5 Apr. Available at: www.highsnobiety.com/2017/04/05/trend-forecasting-how-to/

Sharma, A. (2016) How Predictive AI Will Change Shopping. *Harvard Business Review*, 18 Nov. Available at: https://hbr.org/2016/11/how-predictive-ai-will-change-shopping [Accessed 25 Nov. 2016].

SINUS Markt- und Sozialforschung GmbH (2015) Information on Sinus Milieus. Available at: www.sinus-institut.de/fileadmin/user_data/sinus-institut/Downloadcenter/20150805/2015-01-15_Information_on_Sinus-Milieus_English_version.pdf

Smith, P. R. and Zook, Z. (2016) *Marketing Communications: Offline and Online Integration, Engagement and Analytics*. 6th edn. London: Kogan Page.

Statista (2016) Anzeigenumsätze (brutto) der Elle in den Jahren 2010 bis 2018 (in Millionen Euro). Available at: http://de.statista.com/statistik/daten/studie/486439/umfrage/anzeigenumsaetze-der-frauenzeitschrift-elle/ [Accessed 11 Sept. 2016].

Statista (2018) Global Advertising Market – Statistics & Facts. Available at: www.statista.com/topics/990/global-advertising-market [Accessed 2 Feb. 2018].

Stutchbury, P. (2016) Architecture Foundation Australia and the Glenn Murcutt Master Class. Available at: www.ozetecture.org/2012/peter-stutchbury [Accessed 3 Dec. 2016].

Taflinger, R. F. (2011) Advantage: Consumer Psychology and Advertising. Kendall Hunt. Available at: https://online.vitalsource.com/#/books/9781465252685

Taylor, J. (2015) The Many Muses of Karl Lagerfeld, From Kendall Jenner to Tilda Swinton. *Observer*, 18 Aug. Available at: http://observer.com/2015/08/the-many-muses-of-karl-lagerfeld-from-kendall-jenner-to-tilda-swinton/ [Accessed 10 Feb. 2016].

Tungate, M. (2007) *Adland: A Global History of Advertising*. London: Kogan Page.

Tye, L. (2002) *The Father of Spin: Edward L. Bernays and the Birth of Public Relations*. New York: Henry Holt (Owl Books).

UN Broadband Commission (2016) China, India Now World's Largest Internet Markets. Unescopress, 15 Sep. Available at: www.unesco.org/new/en/media-services/single-view/news/china_india_now_worlds_largest_internet_markets [Accessed 9 Oct. 2016].

University of Twente (2017) *Two Step Flow Theory*. Available at: www.utwente.nl/en/bms/communication-theories/sorted-by-cluster/Mass-Media/Two_Step_Flow_Theory-1

Vecchi, A. and Buckley, C. (eds.) (2016) *Handbook of Research on Global Fashion Management and Merchandising*. Hershey, PN: IGI Global.

Villani, S. (2001) Impact of Media on Children and Adolescents: A 10-Year Review of the Research.*Journal of the American Academy of Child & Adolescent Psychiatry* 40(4), 392–401.

Wang, H. (2016) #Brand Transliteration: How to Translate and Protect Your Brand for the Chinese Market. CCPIT Patent and Trademark Law Office. Available at: www.ccpit-patent.com.cn/node/3795

Whitelock, A. (2013) *Elizabeth's Bedfellows*. London: Bloomsbury Publishing.

Williamson, J. (1978) *Decoding Advertisements: Ideology and Meaning in Advertising*. London: Marion Boyars.

Wind, Y. and Douglas, S. P. (2001) International Market Segmentation. Wharton School, University of Pennsylvania and CESA. Available at: https://faculty.wharton.upenn.edu/wp-content/uploads/2012/04/7213_International_Market_Segmentation.pdf

Winship, J. (1987) *Inside Womens' Magazines*. London: Pandora.

Yiddish Radio Project (2002) Sound Portraits Productions. Available at: www.yiddishradioproject.org [Accessed 12 Jun. 2016].

Yiddish Radio Project (2002) Exhibits. Sound Portraits Productions. Available at: www.yiddishradioproject.org/exhibits/history [Accessed 12 Jun. 2016].

Yurchisin, J. and Johnson, K. K. P. (2010) *Fashion and the Consumer*. Oxford: Berg.

Zarella, K. K. (2016) Diesels Renzo Rosso isn't Crazy just Genius. *Fashion Unfiltered*. Available at: http://fashionunfiltered.com/news/2016/diesel-s-renzo-rosso-isn-t-crazy-just-genius

Zeit Online (2012) Im Dienste der Werbung: Annoncen-Expeditionen feiern ihr hundertjähriges Bestehen. *DieZeit*, 17/1955. Available at: www.zeit.de/1955/17/im-dienste-der-werbung [Accessed 12 Jun. 2016].